중소기업을 위한
품질관리

TQM과 6시그마

| 이영찬 · 조영석 共著 |

홍릉과학출판사

감사의 글

원고의 작성, 편집, 그리고 교정 전 과정에 참여하여 작업을 도와준 동국대학교 전자상거래학과 ERP 연구회 소속 김인건, 김종범, 오형진, 그리고 조정호 군에게 진심으로 감사드린다.

목차

Ch. 01 종합적 품질경영

Ch. 02 3차 산업의 품질경영

Ch. 05 제조물 책임

Ch. 06 부록 (ISO 14000, 품질관리양식)

01 종합적 품질경영

CHAPTER

1.1 종합적 품질경영

1.1.1 종합적 품질관리

(1) 종합적 품질관리(TQC)의 정의

소비자가 만족 할 수 있는 품질의 제품 또는 서비스를 경제적으로 생산하기 위해서는 사내 모든 부문의 활동을 종합해서 관리할 필요가 있다. 이러한 측면을 강조하는 품질관리가 이른바 '종합적 품질관리 또는 전사적 품질관리'라고 한다.

TQC는 설계부터 서비스까지 모든 부문에 있어 품질관리의 필요성이 있다는 것이다.

- 종합적 품질관리(TQC : Total Quality control) -

종합적 품질관리란 소비자가 만족 할 수 있는 품질의 제품을 가장 경제적인 수준으로 생산 내 서비스 할 수 있도록 조직 내 각 그룹의 품질개발·품질유지·품질개선·노력들을 종합하기 위한 효과적인 시스템이다. 즉, 마케팅·설계·기술·제조·검사·서비스 등의 전 부문, 최고경영자부터 현장의 작업자를 포함하는 모든 계층의 품질관리활동을 전개할 필요가 있다는 것이다.

전통적인 품질관리활동으로는 소비자가 요구하는 품질의 제품을 생산할 수 없다. "불량품은 합격시킬 수 없다."는 검사중심의 품질개선방식 보다는 "당초에 정상품을 만든다."는 예방중심의 품질관리활동에 의해서 경제적인 품질개선활동을 전개해야 한다.

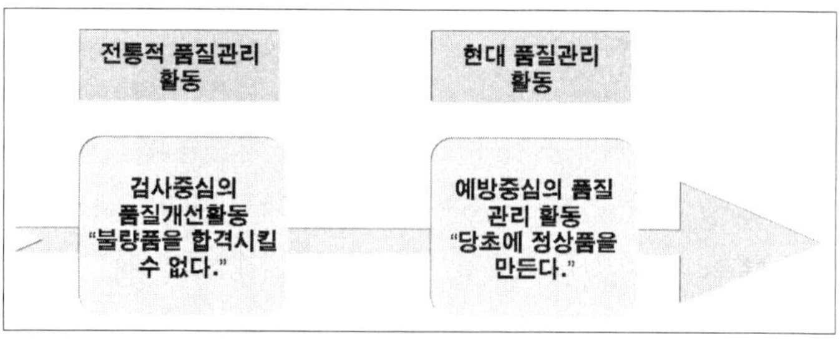

[그림 1-1] 품질관리활동의 변화

합리적인 품질개선은 라이프 사이클 모든 단계에서 전체 구성원이 품질관리활동을 전개하는 종합적 품질관리 내지 전사적 품질관리에 의해서 이룩될 수 있는 것으로 종합품질관리의 개념을 다음과 같이 정리 할 수 있다.

① 라이프 사이클 모든 단계에서 전개되는 품질관리
② 전 부문이 참가하는 품질관리
③ 전원참가의 품질관리

④ 통계적 방법을 비롯한 모든 품질관리기법을 활용하는 품질관리
⑤ 종합품질시스템을 기반으로 하는 기능별 관리

라이프 사이클

전 부문 참여

전원참여

통계적 방법

종합품질시스템

종합품질관리의 개념

(2) 종합품질관리의 방법론적 특징

종합적 품질관리가 일반적인 품질관리와 성격을 달리하는 점은 바로 "total"이라는 점이다. 품질관리의 범위를 부분에서 전체로 확대시킨다는 것을 강조함으로써, 전통적인 품질관리에서 볼 수 있는 고유적인 내용보다는 전체성을 반영한다는 점에서 찾을 수 있다.

전체성이라는 입장에서 종합적 품질관리론의 특징을 열거하면 다음과 같다.

① 종합적 품질관리의 목적은 생산부문의 품질관리 활동만으로 이루어 질수 있는 것이 아니고 각 부문의 종합적인 작용, 즉 전사적 품질관리활동에 의해 이루어진다.
② 라이프 사이클의 모든 단계에서 요구품질→설계품질→제조품질→사용품질의 관리를 통하여 소비자가 요구하는 품질의 재화 또는 서비스가 산출·제공되도록 품질관리활동이 전개된다.

③ 전원참가의 품질관리가 필요하다.

④ 관리개념을 일반화 하여 품질관리의 방법으로 확립한 것도 종합적 품질관리의 특징이다. 관리의 순환과정에서 볼 때, 관리과정을 plan→do→see로 제시할 수 있는데, 전통적인 품질개선활동에서는 현장작업이나 검사에 중점을 두어 왔다. 사실 검사의 결과가 피드백 되어 예방적인 품질개선활동이 전개되기 위해서는 이들 관리기능들이 서로 유기적인 관계에서 품질관리활동이 지속적으로 전개되어야 한다. 이런 점에서 종합적 품질관리활동에서 제시되는 관리(control)는 모든 관리기능의 유기적인 개념을 내포하고 있다. 따라서 관리개념을 다음의 4가지 단계로 나누어 볼 수 있다.

- 표준을 설정
- 실행결과와 표준과의 비교평가
- 차이에 대한 조치
- 표준의 개선

오늘날 품질관리 기능으로 제시되고 있는 PDCA사이클은 관리과정에서 비롯된 것으로 종합적 품질관리의 기본이 되는 과정이다. 전통적 품질관리에서는 D와 C만이 행하여지거나, P와 D 또는 P, D, C가 서로 유기적으로 연결됨이 없이 단편적으로 행해지고 있었다.

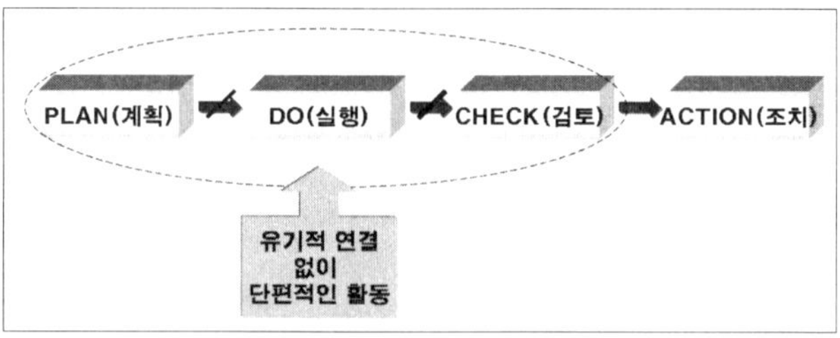

[그림 1-2] 전통적 품질관리

하지만 종합적 품질관리에서는 PDCA 사이클이 반복함으로써 소비자가 요구하는 품질을 개발·유지·개선하게 되는 것이다.

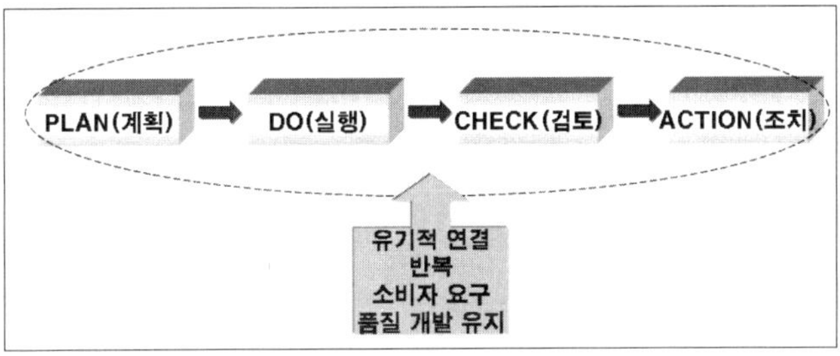

[그림 1-3] 종합적 품질관리

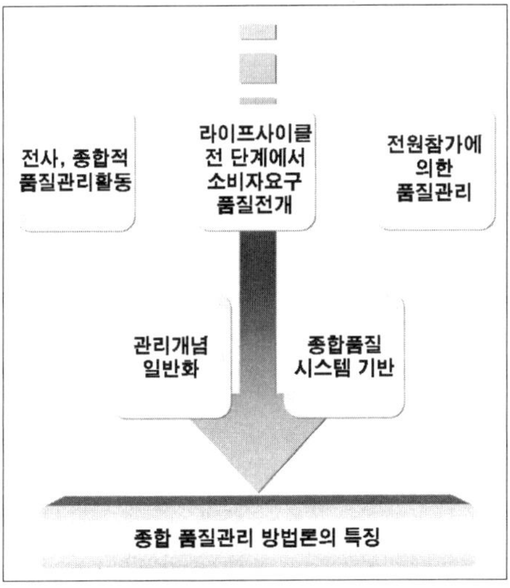

[그림 1-4] 종합적 품질관리의 방법론적 특징

⑤ 종합적 품질관리는 종합품질시스템을 기반으로 하는 시스템접근방법에 입각하고 있다. 품질관리활동을 경영의 전체적 관점에서 전개하고, 장기적인 품질관리 목표를 추구하기 위해서 종합품질시스템을 구축하고, 전체 시스템의 관점에서 관리한다

는 점이다.

1.1.2 일본형 종합적 품질관리

(1) 일본형 TQC

오늘날 일본상품의 품질이 높이 평가되고 국제시장에서 그의 경쟁력이 막강한 것은 일본산업계의 끊임없는 품질관리의 성과라고 할 수 있다. 세계적으로 평판이 높은 일본식 종합품질관리는 현장작업자의 적극적인 참여는 물론 경영자의 품질경영이 주축을 이루고 있다.

일본식 종합적 품질관리는 시장조사, 제품 개발 · 설계, 구매 · 외주, 제조 · 검사, 판매 및 애프터서비스 등의 라이프 사이클 단계와 영업 · 재무 · 인사 · 교육 등 기업활동의 모든 단계에 걸쳐서 경영자를 비롯한 전체 구성원들이 협력하고 참여하는 품질관리로 기술하고 있다.

〈표 1-1〉 종합적 품질관리의 특징

일본식 종합적 품질관리
• 경영자 주도에 의한 전 부문 전원참가의 품질관리활동
• 품질우선 경영
• 방침의 전개와 그의 관리
• 품질관리의 진단과 그의 활용
• 기획 · 개발에서 판매 · 서비스에 이르는 품질보증활동
• 품질관리 서클활동
• 전 구성원을 대상으로 하는 품질관리 교육 · 훈련
• 품질관리기법의 개발 활용
• 제조업에서 다른 업종으로의 확대
• 품질관리의 전국적인 추진활동

일본에서 품질관리가 성공할 수 있었던 것은 고객만족을 위해서 생산자 스스로 품질개선 및 품질보증을 끊임없이 전개 하였다는 점과 품질관리시스템의 혁신이 민간주도로 이루어 졌다는 점을 꼽을 수 있다.

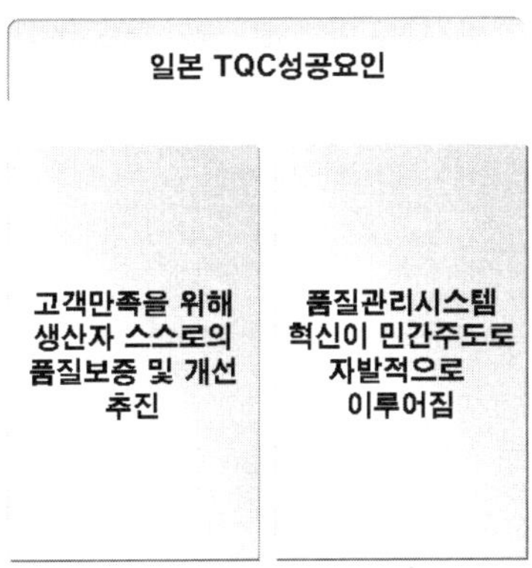

[그림 1-5] 일본 종합품질관리 성공

1.1.3 일본 종합적 품질관리의 목표

(1) 기업의 체질개선

불황·저성장 환경변화에 대처할 수 있는 기업체질의 개선을 위해 종합품질관리를 도입한다.

(2) 종합적 총력 결집

전원참가로 협력 체제를 확립하여 온갖 힘을 모은다.

(3) 품질보증체제의 확립

품질보증은 품질관리의 핵심이 되는 것으로 품질제일로 품질을 보증하고 고객으로부터 신용을 얻어 장기적인 이익을 확보한다는 것인데, 오늘날 일본상품이 세계에서 선호되고 있는 것도 이로 인한 것이라 할 수 있다.

(4) 세계최고 품질의 신제품 개발

자원이 풍부하지 못한 일본산업의 현실에서 국제경쟁에 이기기 위해 창의력 개발과 기술향상을 바탕으로 하는 신제품개발에 눈을 돌린 것이다.

(5) 변화에 대처하는 경영의 확립

두 차례에 걸친 세계적인 석유파동을 극복하고 일본이 경제부국으로 등장한 것은 자원절약·감량경영·종합적 품질관리를 슬기롭게 전개한 결과라고 볼 수 있다.

(6) 인간성의 존중, 인재육성

종업원의 행복과 밝은 직장을 지향한다.

(7) 품질관리기법의 활용

품질관리의 기초적인 기법에서부터 고도의 기법에 이르기 까지 이들 업체는 필요에 따라 적절히 사용하고 있다.

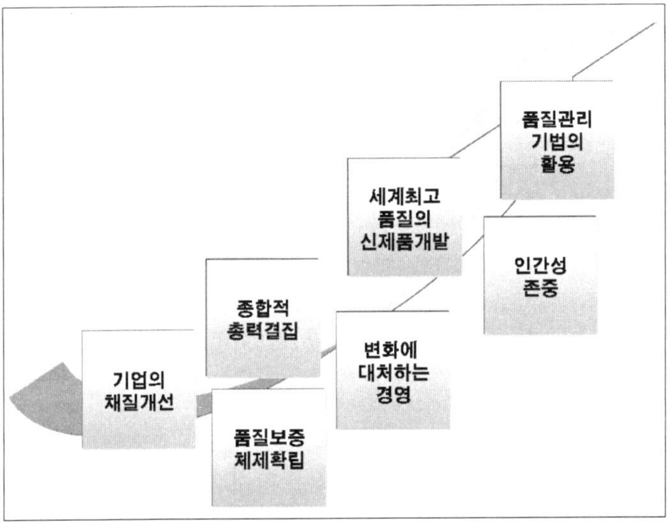

[그림 1-6] 종합적 품질관리 활동의 목적

1.1.4 종합적 품질경영

지난날 우리산업에서 전개된 종합적 품질관리(TQC)활동을 회상하여 보건대, 대부분 외형적인 겉치레나 현장의 분임조활동에 치중 되였으며 그나마 품질관리 활동은 품질과 관련된 특정 집단에서만 이루어 졌다. 조직의 모든 구성원들이 품질관리활동에 참여한다고 해서 그것만으로 종합적 품질관리의 목표가 달성되는 것은 아니다. 구성원 각자가 행하는 그들 자신이나 특정 부문 중심의 품질개선 활동은 조직 전체에서 볼 때 유효성이 떨어지기 쉬운 것으로 조직의 공동목적 달성을 위해서 전체 구성원의 결집된 노력으로 품질경영 활동이 전개되는 전사·종합적인 품질경영이 필요한 것이다.

(1) TQM(종합적·총체적 품질경영)의 개념

- 총체적 품질경영 (TQM :Total Quality Management) -

조직에서 산출하는 재화 및 서비스의 품질을 향상시키기 위해, 조직 내의 전체 구성원이 참여하여 업무수행 방법을 개선하는 조직운영 방식을 말한다. 1920년대 미국에서 창안된 총체적 품질관리 제도는 2차 대전 중 미국과 영국의 방위산업체에 적용되었으며, 전후 일본의 복구사업에 도입되기도 하였다. 민간기업체에 크게 확산된 총체적 품질관리는 오늘날 정부 부문에도 많은 영향을 미치고 있다. 총체적 품질관리는 전통적 관리 방식과 달리, 고객의 필요에 따라 목표를 설정하는 고객중심주의를 지향하고, 전체 구성원의 자발적 참여에 의해 지속적인 개혁을 추구하며, 집단적 과정을 통해 문제해결을 추구한다는 특징을 지닌다.

국제품질경영 규격인 'ISO 9000 시리즈'를 제정하여 오늘날 품질경영의 이슈를 제기한 ISO(국제표준화기구)에서는 품질경영(QM)을 "품질방침, 목표 및 책임을 결정하고 품질시스템 내에서 품질계획, 품질관리, 품질보증, 품질개선과 같은 수단에 의해 이들을 수행하는 전반적인 경영기능에 관한 모든 활동"이라 정의하였다.

총체적 품질경영은(TQM)은 "품질을 중심으로 하는 모든 구성원의 참여와 고객만족을 통한 장기적 성공지향을 기본으로 하며 아울러 조직의 모든 구성원과 사회에 이익을 제공하는 조직의 경영적 접근"이라고 정의 할 수 있다.

이들 정의에서 볼 때, 품질경영은 일본의 '종합적·전사적 품질관리'개념과 일치하는 것이며, 총체적 품질경영은 종합적 품질관리를 바탕으로 기업문화에 혁신을 통한 구성원의 의식과 태도 등에 중점이 두어진 것으로 볼 수 있다.

이상 총체적 품질경영은 최고경영자의 리더십 아래 품질을 최우선 과제로 하고 고객만족을 통한 기업의 장기적인 성공은 물론 기업구성원과 사회전체의 이익에 기여하기 위해, 경영활동 전반에 걸쳐 모든 구성원의 참여와 총체적 수단을 활용하는 전사·종합적인 전략적 경영시스템이라 정의할 수 있다.

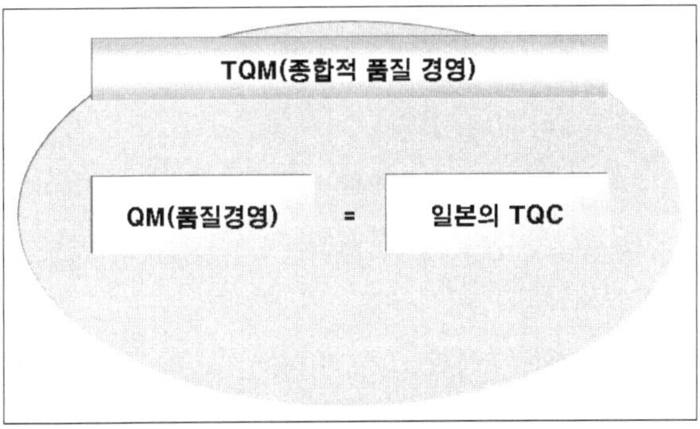

[그림 1-7] 총체적 품질경영의 개념

(2) 총체적 품질경영 사상의 배경과 원칙

총체적 품질경영의 배경과 목표 그리고 사상들을 토대로 하여 총체적 품질경영의 실천원칙을 간단히 제시하면 다음과 같다.

① 고객에 초점을 둔다.
② 결과뿐만 아니라 과정도 중시한다.
③ 검사보다는 예방에 치중한다.
④ 구성원의 참여를 토대로 그들의 창의력과 전문기술을 동원한다.
⑤사실에 입각한 의사결정을 행한다.
⑥ 피드백에 의한 지속적 개선을 추진한다.

이들 원칙을 준수하여 총체적 품질경영 활동으로 달성 할 수 있는 사업목표와 예상성과들을 열거하면 다음과 같다.

① 운영효율과 수익성 증대
② 기업문화와 구성원 행동의 변화
③ 불량과 낭비의 예방
④ 고객의 만족
⑤ 시장점유율의 유지와 증대
⑥ 제품·사업의 우위성 성취
⑦ 조직구성원의 잠재력 함양
⑧ 제품·서비스의 품질, 제품안전, 신뢰성 향상
⑨ 개인·기업·사회 손실을 최소화
⑩ 안전·건강·환경의 개선
⑩ 각 개인의 인성·창의력 향상과 혁신

– 월마트의 운영원칙 –

월마트는 구성원의 개발과 능력 발휘를 중시하여 성공하였다. 월마트는 연 평균 15%라는 기록적인 성장비결은 신속하게 움직이는 유통시스템으로 틈새시장을 공략한 것인데, 최고경영자의 강력한 리더십 아래 종업원의 강한 협동으로 이루어졌다.

월마트의 운영방칙은

- 고객의 기대 충족
- 경쟁자보다 낮은 원가/가격
- 동료들과의 이익/정보 공유
- 동반자들의 강한 동기부여

등으로 꼽을 수 있는데, 이들이야 말로 총체적 품질경영의 원칙이라 할 수 있는 것들이다.

(3) 총체적 품질경영의 목표와 구성요소

총체적 품질경영에서는 전통적으로 매출을 늘리고 시장점유율을 증대하기 위한 계획보다는 고객의 기대에 부응하여 그들이 만족할 수 있는 세세한 목표를 제시하고, 구성원들에게는 충분한 권한을 부여하는 것을 중요시 한다.

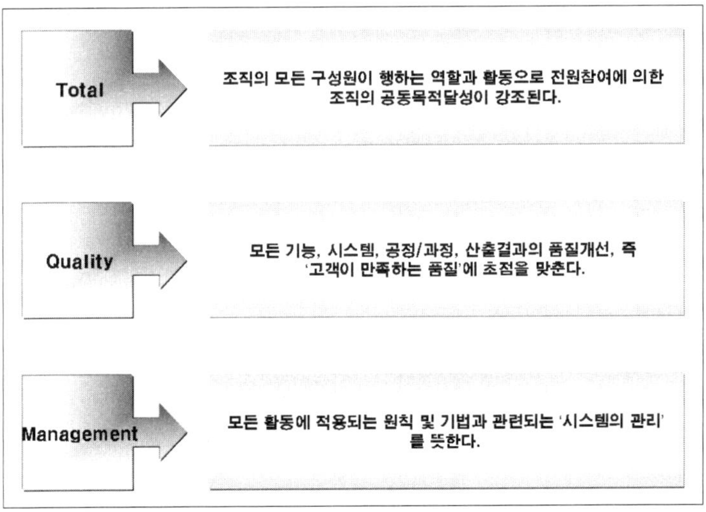

[그림 1-8] 총체적 품질경영의 정의

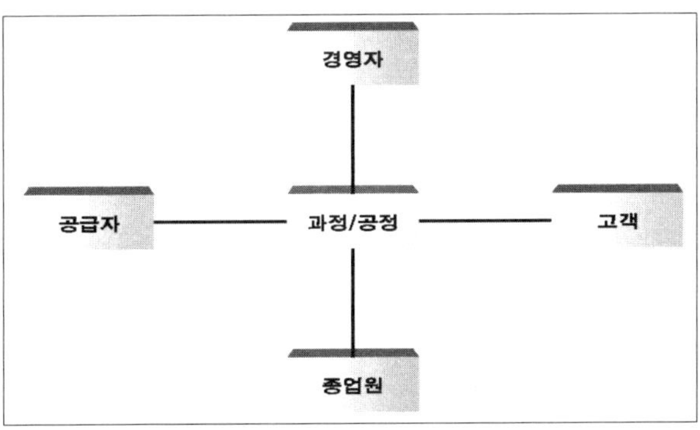

[그림 1-9] 총체적 품질경영의 필수요소

총체적 품질경영에서는 모든 고객의 요구보다 좋은 품질, 저렴한 가격, 신속한 납기 등을 충족시키는 전략을 수립하여 이를 실행하도록 시스템이 통솔되며 지속적인 개선활동이 수행된다.

총체적 품질경영의 궁극적 목표는 고객만족이며 이를 위해 조직의 모든 구성원과 자원들을 결집한 품질시스템으로 지속적인 품질개선활동이 전개된다. 즉 조직의 결집된 노력을 바탕으로 하여 품질 및 서비스를 혁신하여 고객만족도를 극대화함으로서 기업의 경쟁적 우위를 확보하는 것으로, 이를 위해서는 다음의 다섯 가지 필수요소에 초점을 맞추어야 한다.

① 고객

고객의 만족도가 TQM의 실행결과인 동시에 목표이다.

② 종업원

조직구성원 특히 종업원의 참여 없이는 목표의 효과적 달성은 어렵다.

③ 공급자

원자재를 비롯한 자원들을 공급하는 공급자들은 품질수준에 영향을 주는 긴요한 조직구성원들이다.

④ 경영자

조직, 구성원, 자원들을 결집하고 관리하며 이끌어 나가는 경영자의 의지와 역량이 총체적 품질경영의 성과를 좌우한다.

⑤ 과정/공정

활동의 과정은 제품과 서비스의 품질·납기·원가에 결정적인 영향을 미친다.

총체적 품질경영은 고객만족을 목표로 시스템의 구성요소인 고객, 내/외부의 공급자, 경영자, 전 구성원의 참여, 체계적인 분석기법 등을 통하여 지속적인 품질개선활동을 전개하는 것으로 나타낼 수 있다.

다음 <표 1-2>는 총체적 품질경영의 요소들을 중심으로 하여 나타낸 모델이다.

〈표 1-2〉 총체적 품질경영의 모델

목표	사상	시스템의 요소	세부 요소의 설명
고객만족	지속적 품질개선	내부/외부 고객	• 모든 과업은 하나의 공정/과정이다 • 다음 공정은 나의 고객이다 • 고객의 피드백 • 고객만족의 측정
		내부/외부 공급자	• 공급자와 목표·방침을 정한다 • 공정관리가 우수한 업자를 선정한다 • 고객과 업자 간의 의견교환을 한다
		경영자의 관여	• 모든 조직 • 사업의 품질계획 • 품질전개 • 경영자 감사 • 벤치마킹
		전원 참여	• 전사적인 참여 • 팀 개선활동 • 제안제도 • 공급자의 참여
		체계적 분석	• 공통방법의 적용 • 불량, 양호, 우수의 분석 • 원천 단계의 예방 • 변동의 최소화 • 통계적 도구와 기업의 사용 • 사실과 데이터에 의한 결정

1.2 전원이 참여하는 품질경영(경영자와 종업원에 의한 품질경영)

흔히 제도를 바꾸면 10~20%의 향상을 얻고, 기술을 바꾸면 2배의 효과를 얻고, 사람을 바로잡으면 10배의 기적을 낳는다고 한다. 진정한 품질은 사람에서 나온다.

1.2.1 경영자에 의한 품질경영

(1) 최고경영자의 역할

총체적 품질경영에서 전원참가란 위로는 사장에서부터 관리자와 말단 사원에 이르기까지 모든 구성원의 참여를 뜻하는 것으로, 사장의 열의와 리더십은 관건이다. 그러나 많은 경우 사장은 품질경영에 대해 무지하거나 무관심하여 이의 추진에 문제가 되고 있다.

– 최고 경영자 역할의 중요성 –

냉장고를 생산하고 있는 L사는 외주업체 경영자를 초청하여 품질품평회를 가진 적이 있었다. 이 자리에 참석한 D페인트회사의 사장은 납품회사의 품질 대비표를 보고서야 자사제품의 품질 수준이 제일 낮은 것을 알게 되었다. 그 후 품질개선을 위해 적극 노력한 결과, 품질수준을 업계 정상으로 올린 사례가 있다.

품질경영에 대한 경영자의 역할은 다음과 같다.

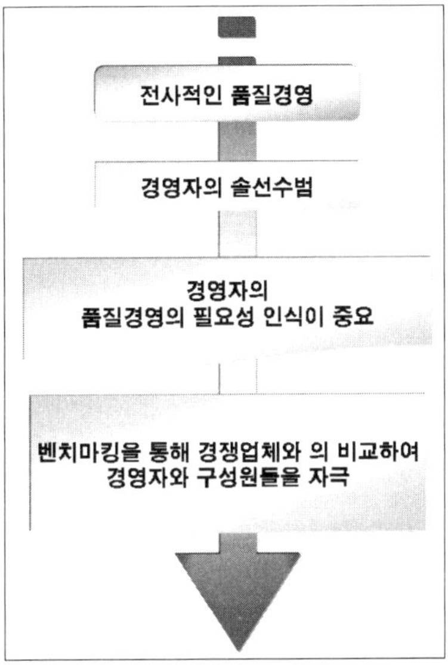

[그림 1-10] 전사적 품질경영 추진

① 높은 품질가치를 조직이 창출할 수 있도록 리더십을 발휘한다.
② 회사 전체가 지켜야 될 품질 방침과 목표를 경영방침과 그 목표를 토대로 하여 결정한다.
③ 경영목표와 품질목표 간의 조화, 생산목표 간의 조화, 그리고 각 부문 간의 조화를 이룬다.
④ 전사적이며 효율적으로 전개될 수 있는 품질경영시스템을 확립한다.
⑤ 품질개선 및 품질경영 활동에 필요한 자원과 인력을 지원한다.
⑥ 품질경영의 효과적인 전개를 위해서 필요한 교육·훈련방침을 정한다.
⑦ 구성원들의 품질혁신 및 개선에 대한 동기부여를 한다.

⑧ 품질관리와 품질보증 활동이 방침대로 행하여지고 있는가를 감독하고 평가한다.
⑨ 구성원들이 이룬 품질성과에 대해 인정과 보상을 한다.

품질의 혁신이나 개선은 경영자 혼자만으로 할 수 없는 것으로 조직구성원 모두가 품질개선을 위해 노력하도록 이끌기 위해서는 경영자의 품질 리더십이 필요하다.

(2) 최고경영자의 품질 리더십

리더십은 리더가 그의 권한 하에 있는 구성원이나 시스템에 있는 영향력을 행사하여 중요한 결과를 이룩하는데 긍정적으로 영향을 주는 능력을 말한다. 리더는 구성원들에게 동기를 유발시키고 설득력을 가지고 품질향상 의욕을 증진시킬 수 있는데, 그의 말 보다는 행동이 중요하다.

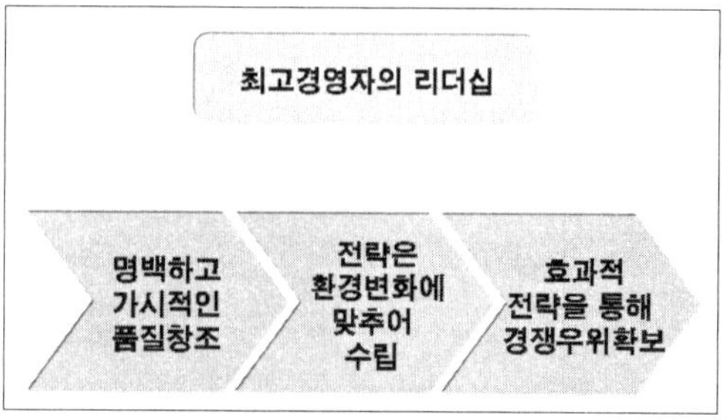

[그림 1-11] 리더의 역할

리더십이 우량기업 핵심역량의 요체라면 우수한 리더가 되기 위해서 어떤 능력을 가져야 하는가?

유능한 리더들은 비전, 권한부여, 직관력, 자기이해, 가치관의 일치 즉, 효과적 리더십 기술을 활용한다.

① 비전

리더는 조직의 미래를 관리하는 공상가이다. 그는 조직의 구성원, 공급자, 고객들에게 불확실한 미래에 대한 비전을 제시하여 구성원들과 공유한다. 리더가 제시하는 비전은 환경변화가 불투명한 시기에 등대와 같은 역할을 한다.

② 권한부여

진정한 권력은 공식적 지위나 권한에 바탕을 두기보다는 조직의 낮은 수준에서 리더십이 발휘되도록 조직 하부와 외부에 능력을 넓히는 것을 돕는 것이다. 리더는 구성원들에게 권한을 부여하여 그들이 당면한 문제를 조직의 입장에서 그때그때 효과적으로 해결하도록 돕는다.

③ 직관력

리더는 지난 세월동안 자기 자신을 돌아보고 구성원과의 관계나 조직에서의 위치를 이해하는 자기이해능력이 필요하다. 즉, 자신의 약점과 강점을 파악하여 강점은 살리고 약점은 보완해야 한다.

④ 가치관의 일치

구성원들은 그들이 지지하는 가치를 적용하지 않거나 이를 모순되게 행하는 리더를 바로 분간한다. 리더 가치관의 불일치는 종업원들이 지속적으로 관리의 의도를 의심하게 하는 요인이 된다.

총체적 품질경영의 성과가 높은 기업에서 다음과 같은 품질리더의 특징을 볼 수 있다.

〈표 1-3〉 좋은 리더의 방안

성과가 높은 품질리더의 특징
• 조직의 사업결정에 기반이 되는 전략적 비전과 명확한 품질가치를 제시한다.
• 품질 우수성을 확보하기 위한 환경과 리더십체제를 구축하고 유지한다.
• 고객의 기대수준을 높게 설정한다.
• 품질에 몰입하여 열정을 쏟는다.
• 리더십과정의 성과를 평가하고 개선한다.
• 사업 수행 시 사회적 책임과 사회공동체를 고려한다.

(3) 중간관리층의 역할과 임무

리더는 옳은 일을 하려는 사람이고, 관리자는 일을 옳게 하려는 사람이다. 즉, 최고경영자가 수립한 품질방침이나 품질전략을 집행하는 사람들은 관리자, 감독자, 전문기술자들과 같은 중간관리층 이다.

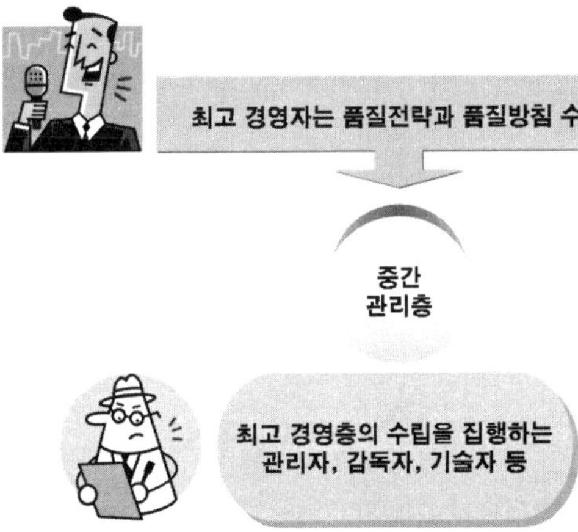

① 중간관리층의 역할

- 품질문제 해결 방안 모색
- 품질 팀의 리더로서 봉사
- 품질 팀의 구성원으로써 참여
- 품질전략 개발 시 지원을 위해 태스크 포스로 참여
- 부하직원의 적극적 참여 등 담당분야 품질활동 통솔
- 고객과 공급자를 인식하고 그들의 요구충족 활동을 독려

– 태스크 포스(Task Force) –

프로젝트 팀(project team)이라고도 한다. 태스크포스는 각 전문가 간의 커뮤니케이션과 조정을 쉽게 하고, 밀접한 협동관계를 형성하여 직위의 권한보다도 능력이나 지식의 권한으로 행동하여 성과에 대한 책임도 명확하고 행동력도 가지고 있다. 일정한 성과가 달성되면 그 조직은 해산되고, 환경변화에 적응하기 위한 그 다음 과제를 위하여 새로운 태스크포스가 편성되어 조직 전체가 환경변화에 대해 적응력 있는 동태적 조직의 성격을 가진다. 태스크포스는 시장이나 기술 등의 환경변화에 대해서 적응력을 갖는 조직형태일 뿐만 아니라, 새로운 과제에의 도전·책임감·달성감·단결심 등을 경험하는 기회를 구성원들에게 제공하고, 구성원의 직무만족을 높이는 효과가 있다.

중간관리자들은 팀의 리더로써도 활동을 하는데, 팀 리더는 구성원들을 다루는 관리능력이 필요하다.

② 품질불량의 관리책임

흔히 불량은 현장의 부주의, 무관심, 태만 등으로 인한 것이라 믿지만, 품질불량의 관리책임을 조사한 경험에 의하면, 일반적으로 불량의 80%는 관리자의 책임이고 작업자오류로 인한 것은 20%에 지나지 않는다.

관리자 책임의 불량은 다음 사항으로 인한 것이다.

- 설계, 공정, 계측기기 등의 미비
- 품질에 관한 방침·목표·계획·조직·인원배치·의사소통 등의 불충분
- 개선과 관리에 필요한 사실을 추구하기 위한 분석의 불충분
- 매일 발생하는 품질문제에 대한 의사결정의 불충분
- 품질개선에 대한 분위기 조성의 불충분

따라서 경영자내지 관리자들은 품질에 대한 그들의 영향력

과 책임을 인식하고 품질개선 활동에 누구보다 힘써야 한다.

③ 품질관리에 대한 의무

품질관리에 대한 관리자의 임무는 다음과 같다.

- 품질 비전과 방침을 소속 구성원들에게 숙지 시켜야 한다.
- 품질관리의 실행계획을 밝히고, 필요한 규정들을 구성원들에게 알리고 지키도록 하는 책임이 있다.
- 품질문제 발생 시 원인을 규명하고 개선대책을 신속히 세워 실시 할 책임이 있다.
- 필요한 각종 설비, 측정기기 등 조사하여 그의 개선을 경영자에게 제안 권고할 책임이 있다.
- 부문 간 협조하고, 구성원의 품질관리 교육 책임이 있다.

이상의 임무를 수행하기 위해서는 무엇보다 중간관리층이 품질관리와 품질경영을 바르게 이해하여 그가 거느리는 구성원으로 하여금 품질의식을 갖고 품질개선 활동에 협조토록 하고 각 부서의 품질관리 활동을 추진하고 조정할 필요가 있다.

1.2.2 작업자의 오류와 그 대책

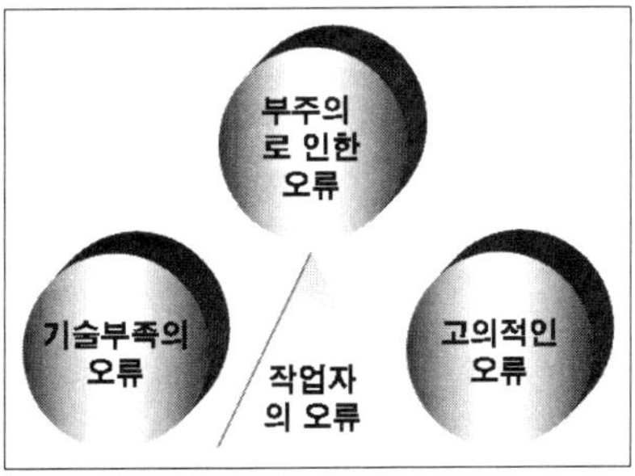

[그림 1-12] 작업자에게 나타나는 오류

작업자의 오류는 대체로 부주의로 인한 오류, 기술부족으로 인한 오류, 고의적인 오류의 세 가지 유형으로 나눌 수 있다.

(1) 부주의로 인한 오류

① 특징

작업자가 부주의로 인한 오류는 인간오류의 중요한 원천이 되고 있는 것으로 다음과 같은 특징이 있다.

- **무의도성**
  작업자 측에서 오류를 범할 의도가 없다.
- **비고의성**
  작업에 관한 지식이 없다.
- **불예측성**
  어떤 불량이 언제 생길지 예측 할 수 없다.

② 개선방법

부주의로 인한 불량은 우연하게 발생되는 것이 특징이기도 한데, 이들 부주의로 인한 오류는 다음 방법으로 줄일 수 있다.

- 인간위주의 의존범위를 줄인다.
  (불량예방장치의 도구나 장치 개발을 예로 할 수 있다.)
- 작업자의 작업에만 집중하도록 환경을 조성한다.

부주의로 인한 오류는 작업자도 모르게 우연히 발생하는 경우가 많다.

(2) 기술상의 오류

① 특징

기술상의 오류는 작업에 필요한 전문적인 지식이 모자라기 때문에 발생하는 오류로 다음과 같은 특징이 있다.

- 무의도성
  작업자가 열심히 일하지만 불량이 나온다.
- 선택성
  필요한 기술의 결여로 불량이 생긴다.
- 고의·비고의성
  기술의 오류는 양면성을 띄고 있다.
- 불가피성
  기술이 없으면 작업자가 아무리 노력해도 불량이 생긴다.

② 개선방법

이상의 기술적인 오류를 식별하고 분석하여 개선하는 일련의 과정을 제시하면 다음과 같다.

- 문제가 되는 불량데이터를 작업자 별로 수집한다.
- 오류의 지속성을 검토하기 위해 시간별 데이터를 분석한다.
- 최선과 최악의 작업성과를 구분한다.
- 기술상 차이점을 규명하기 위해 작업방법을 검토한다.
- 최고의 작업방법을 찾아내고 양자의 차이점을 연구한다.
- 작업자 각자의 기술을 수준을 향상시키기 위해 훈련한다.

작업자의 기술능력에 따라 오류가 발생하기도 한다.

(3) 고의성의 오류

① 특징

부주의나 기술상의 오류는 비고의적인 오류인데 반해, 이것은 작업자의 고의적·의도적인 오류라는 것이 특징이다.

- 고의성
  오류 시 작업자는 오류를 하고 있다는 사실을 알고 있다.
- 의도성
  작업자가 의도적이고 계획적으로 오류를 범한다.
- 지속성
  고의로 오류를 범하는 작업자는 계속해서 실수를 범한다.

고의적인 오류는 반항적 행동이나, 관리자의 무리한 요구 시 발생한다.

이상의 특징으로 인해서 앞서의 부주의로 인한 오류나 기술상의 오류와 구별되는데, 고의적인 오류는 우연성이 없는 것이 특징이다.

② 개선(예방)방법

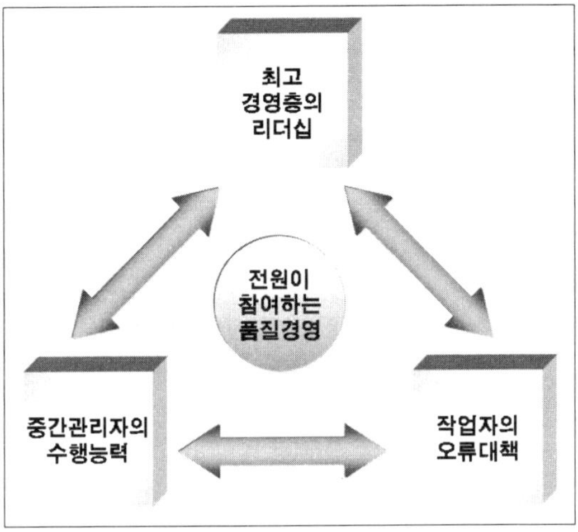

[그림 1-13] 품질경영 각 역할별로의 특징

- 작업자들과 경영층간의 오해가 없도록 의사소통을 진행한다.
- 책임의 한계를 정하여 책임감을 심어 준다.
- 위반자에 대한 대책을 세운다.
- 품질에 대한 동기부여를 한다.

1.2.3 품질향상에 대한 모티베이션

(1) 작업자의 마음과 품질

대량생산 체제 속에서 분업을 행하는 오늘날의 작업자들은 단조로운 반복 작업으로 일의 보람은 고사하고 흥미를 느끼지 못할 뿐더러 기능이나 기술도 미숙하며 별도의 기관에서 검사를 행하고 있기 때문에 품질의식 내지는 품질에 대한 책임감을 느끼지 못하는 것이 오늘의 현실이다.

– 작업자의 근로의욕과 불량률 –

다음은 1991년 2월 4일자 한국경제신문에 실린 '제조업 위기론'이란 제목이 붙은 기사의 내용이다.

이제 한국산 상품들은 품질불량 때문에 수출은 고사하고 내수시장에서도 환영을 받지 못하는 존재가 되고 있다. 공업진흥청이 매달 실시하는 수출대상품목의 불량률 검사를 보면, 1988년 평균 3%이던 불량률이 1989년에는 4.2%로 높아졌고 또 1990년에는 6.1%까지 올라갔다. 최근 들어 우리 상품의 대외신뢰도가 크게 떨어진 것은 무성의에서 나온 불량제품이다.

1990년 무역협회가 35개 주요수출품목의 생산업체들을 대상으로 조사한 결과 응답업체의 45.5%가 불량률 증대의 주원인이 80년대 후반부터 일기 시작한 노사분규 파동으로 인한 작업자의 근로의욕감퇴 때문이라고 말한다.

일은 '작업 + 지혜 + 마음'의 상태라고 말할 수 있다. 일에는 일하는 사람의 마음이 깃들어 있다. 고객이 만족하고 좋아하는 모습을 보고 자기의 기쁨으로 느끼는 봉사정신은 인간만이 가지고 있다. 이 기쁨이 일의 마음인 것이며, 좋은 것을 만들겠다는 마음의 대단히 중요하다. 자신이 만든 제품에 성실·근면한 자신의 혼을 불어넣는다면 그 제품은 세계 어디서나 찬사와 호평을 받을 수 있다. 즉, 일하는 사람의 마음가짐에 따라서 좋은 품질과 나쁜 품질이 이루어 질 수 있는데, 작업자들의 마음가짐은 경영자나 관리자들의 행동과 깊은 관련이 있다.

– 구성원이 함께 이룬 팔만대장경 –

고려 고종 때 몽고군을 막으려고 16년간 연인원 3만 여명을 동원하여 5천 2백만 자에 달하는 글자를 81,258장의 자작나무 목판에 새긴 「팔만대장경」은 7백 수십 년의 세월이 흘렀음에도 손상이 없다. 이 경판들은 자작나무를 벌채하여 3년 동안 바닷물에 담갔다가 꺼내어 조작을 내어 다시 소금물에 담근 뒤, 그늘에서 말리고 대패질을 한 후 경문을 붓으로 쓰고 천여 명의 각수가 목각한 글씨임에도 불구하고 추사 김정희가 '인간이 아닌 신선의 글씨에 가깝다'고 감탄 했을 정도로 한 사람이 쓴 것처럼 통일되어 있으며, 오자나 탈자가 없을 정도로 그들 모두 몸과 마음이 하나 되어 일구었음을 알 수 있다.

경판의 보전을 위해서 경판 양 끝에 각목을 붙여 뒤틀리지 않도록 하였으며, 경판표면 옻칠을 하고 경판모서리에는 구리 장식을 달아 변형·변질을 예방하도록 했으며, 경판을 보관하는 장경전은 통풍이 잘되는 곳에 건축하였을 뿐만 아니라 경판을 쌓아올리는 판가장치가 굴뚝원리를 원용하여 통풍이 잘되게 하였다.

(3) 품질모티베이션

품질모티베이션(동기부여), 즉 품질에 대한 동기부여는 간단히 말해서 구성원들의 품질개선 의욕을 불러일으키는 작용 또는 과정이라 할 수 있다.

경영의 관점에서 볼 때, 동기부여란 개인이나 집단의 행위가 조직목표를 달성할 수 있도록 그 행위의 방향과 정도에 대해 영향을 행사하려는 경영자 측의 의도적인 시도라고 정의할 수 있다. 모티베이션을 욕구→충동→목표의 과정으로 이해한다면 욕구와 목표는 모티베이션에 있어서 가장 주요한 변수요인이 된다. 욕구란 어떤 시기에 개인이 경험하는 결핍이라 할 수 있는데, 그 욕구는 개인행위의 촉진제 역할을 한다.

인간은 무수한 욕구를 지니고 있으며 욕구 충족을 위해 행위를 한다. 그러나 욕구의 충족이 강력하게 저지당하게 되면 좌절을 일으키기도 쉽다. 인간의 욕구 강도에 따라 생리적 욕구, 안전의 욕구, 사회적 욕구, 자아의 욕구, 자기실현의 욕구의 5단계로 나누었다.

단조로운 반복작업은 전반적인 품질저하로 나타났다.

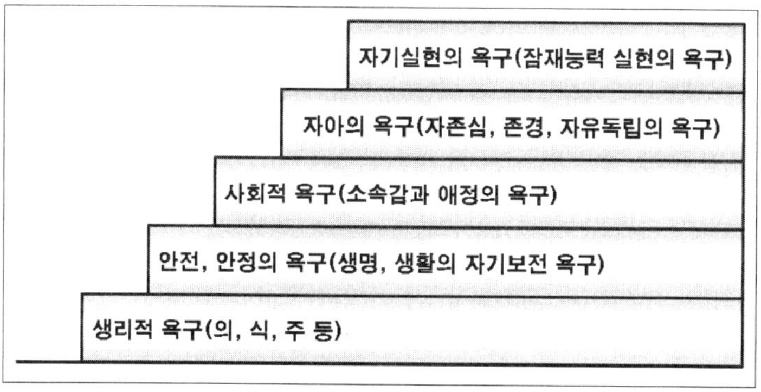

[그림 1-14] 인간의 욕구단계

현실적으로 후진국의 근로자들은 생리적 욕구 내지 안정의 욕구를 추구하고 있지만, 선진국의 근로자들은 이 단계를 넘어서 자아의 욕구 내지 자기실현의 욕구를 추구하는 단계에 이르고 있어 각기 그들 욕구계층에 맞는 동기부여책이 제시되어야 한다.

〈표 1-4〉 불만요인과 만족요인

불만(위생)요인	만족(동기)요인
회사 정책과 관리 감독 작업조건 임금, 보수 승진, 지위	성취감 인정 책임감 능력·지식의 개발 성장, 발전, 자기실현

개인이 추구하는 목표나 성과는 개인을 이끄는 동인이라 할 수 있는데, 바람직한 목표를 성취했을 때 욕구의 결핍은 현저하게 감소한다. 따라서 품질개선활동에 있어서 달성 가능한 품질목표의 설정 없이는 효과적인 품질 모티베이션은 이룩될 수 없다.

조직의 목표가 뚜렷이 제시되고 이들 목표달성을 위해서 기업 내지 경영자가 적극적인 지원을 할 때 구성원의 품질 모티베이션은 향상 될 수 있다.

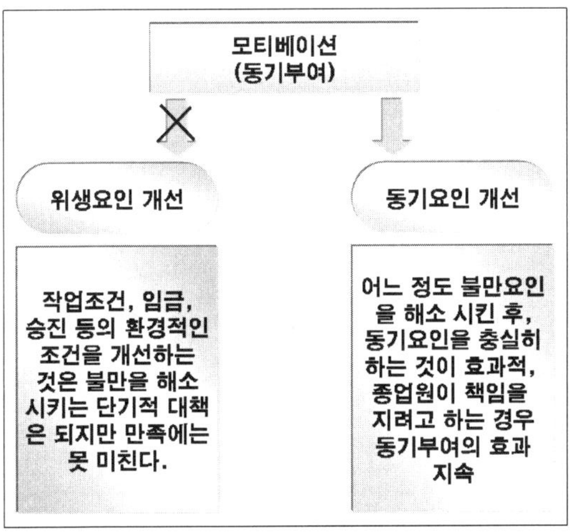

[그림 1-15] 모티베이션 향상을 위한 조건

(3) ZD프로그램

- ZD프로그램(무결점 :zero defect) -

ZD계획, ZD운동이라고도 한다. 종업원 각자의 주의와 연구를 통하여 결함을 없앰으로써 신뢰도가 높은 제품 또는 서비스를 생산하는 한편, 낮은 비용, 납기엄수를 실현하여 고객의 만족도를 높이도록 계속적으로 동기를 부여하는 것을 말한다. 종래의 관리는 관리자가 무결점을 실현하는 방

ZD계획, ZD운동이라고도 한다. 종업원 각자의 주의와 연구를 통하여 결함을 없앰으로써 신뢰도가 높은 제품 또는 서비스를 생산하는 한편, 낮은 비용, 납기엄수를 실현하여 고객의 만족도를 높이도록 계속적으로 동기를 부여하는 것을 말한다. 종래의 관리는 관리자가 무결점을 실현하는 방법을 종업원에게 부여하는 것을 주안점으로 하여왔으나, ZD운동에서는 종업원 전원이 주역이 된다. ZD의 실시에는 목표의 설정이 반드시 필요한데, 무엇보다도 종업원의 심리적 준비가 중요하다.

이 프로그램의 본질은 인간은 완전을 바라는 욕구가 있음을 전제로 하여 종업원들로 하여금 완전성을 향해 노력하게 하는 것이다. 또한 결점은 오류로부터 생기는 것으로 오류의 원인을 조직적이며 자율적으로 제거토록 하는 것 이다.

오류의 원인을 직접 찾아내어 신뢰도 향상과 품질향상을 꾀한다.

ZD프로그램을 효율적으로 추진하려면 다음 네 가지 요건이 이행 되어야 한다.

① 조직구성원에게 작업과 작업성과인 제품의 중요성을 인식시킨다.
② ZD그룹을 편성하여 결점을 제거하기 위한 목표를 자율적으로 설정케 하고 그들로 하여금 목표달성에 노력케 한다.
③ 오류의 원인을 종업원 스스로 찾아내어 제거 할 수 있는 방안을 상사에게 제출토록 한다.

④ 끝으로 목표를 달성한 그룹에 대해서는 그들의 공적을 널리 인정하고 격려하려는 뜻에서 표창을 하여야 한다.

(4) 품질관리(QC)서클 활동

오늘날 일본상품이 세계시장을 지배하는 것은 품질이 생산성 향상에 기여했기 때문이며 그 원동력의 하나는 QC서클이라고 말한다.

① QC서클활동의 기본목적

— QC(품질관리)서클 —

같은 부서 안에서 품질관리활동을 자율적으로 행하는 작은 집단(소집단)을 가리킨다. QC 수법에 따라 제품의 품질향상 뿐만 아니라 일상적인 온갖 작업을 개선해 생산성 향상에 유용하다.

품질관리서클 구성원은 자기계발과 상호계발을 도모하고 품질관리기법을 활용해서 직장의 관리·개선에 자주적으로 참여하는 품질관리서클활동을 전개한다. 따라서 서클 구성원의 자주관리는 품질관리서클활동의 핵심이 된다.

품질관리서클활동의 기본이념은 다음과 같다.

① 기업의 채질개선·발전에 기여한다.
② 인간성을 존중하고 보람 있는 명랑한 직장을 만든다.
③ 인간의 능력을 발휘하여 무한한 가능성을 창출한다.

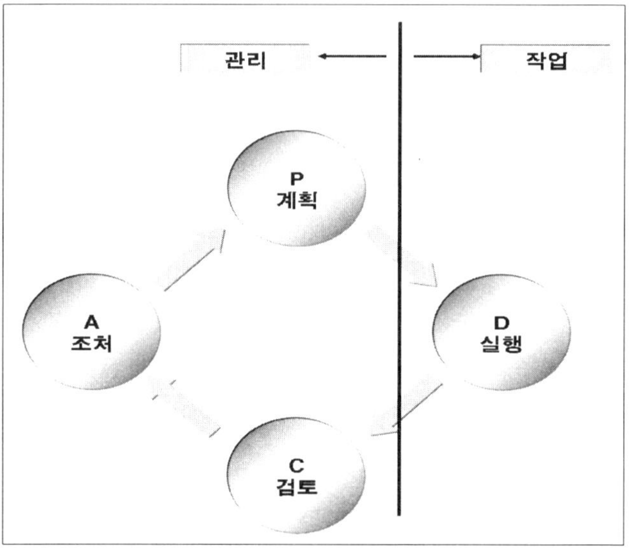

기존 PDCA 사이클

품질관리 서클에 의한 자주 관리

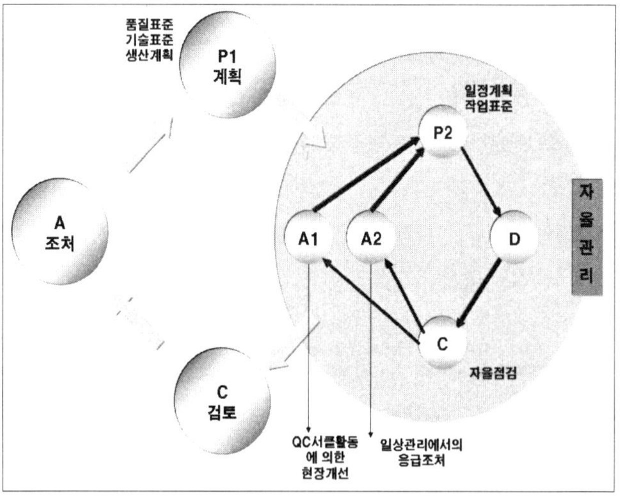

[그림 1-16] QC서클에 의한 자율관리

② 소집단활동의 전개

오늘날 품질개선활동에 소집단활동이 활발히 전개되고 있음은 다음과 같은 특징이 있기 때문이다.

[그림 1-17] 소집단 활동의 전개

- 소수인 이며 대면접촉집단이므로 좋은 인간관계가 형성되기 쉽다.
- 대화에 마음을 털어놓기 쉬우며, 이 때문에 기존의 가치관이 무너지고 새로운 가치관을 받아들이기 쉽게 된다.
- 자기들끼리 생각하고 자기들끼리 발상하는 것이 자주성을 키운다.
- 가치관의 향상과 자주성의 육성에 의하여 주변에 있는 문제를 발견하고 이를 분석하여 해결하려는 의욕이 생긴다.

– 「품질명인」 네 가지 습관 –

품질을 위해 사는 사람들의 공통적인 습관을 요약해 보면,

- 오로지 품질 향상을 위해서
- 항상 자신과 싸우면서
- 구성원들과 팀워크를 이루면서
- 끊임없이 노력하고 실천한다.

① 품질로 보답한다. (사명)

- 고객만족을 이룬다.
- 국가와 민족을 생각한다.
- 인류 발전을 꿈꾼다.

② 자신과 싸운다. (도전)

- 운명을 개척한다.
- 끊임없이 공부한다.
- 더 높은 목표를 향한다.

③ 팀워크를 이룬다. (팀워크)

- 동료를 아낀다.
- 부서 간의 벽을 깬다.
- 전사적인 문화를 만든다.

④ 현장에서 실천한다. (실천)

- 자기 일을 사랑한다.
- 긍정적으로 생각한다.
- 작은 것부터 실천한다.

(5) 자율경영팀

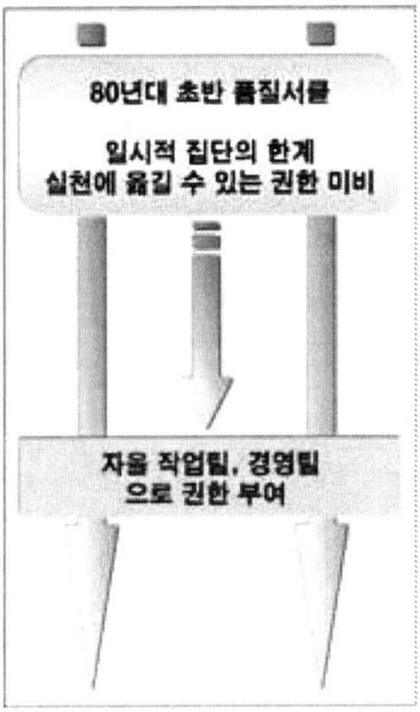

[그림 1-18] 자율경영팀으로 개선, 발전

- 자율 경영팀 -

매일 행하는 일을 스스로 관리하도록 책임을 부여 받은 사람들이 최소한의 직접적인 관리·감독으로 일을 행하는 일단의 구성원들이다. 정도의 차이는 있지만, 팀 구성원들은 함께 일하면서 그들의 작업을 개선하고, 업무상의 문제를 처리하며, 작업을 계획하고 통제한다. 다시 말해 작업을 수행할뿐더러 스스로 관리하는 책임을 지고 있다.

최근 품질관리서클 개념에 권한을 부여한 자율경영팀의 도입이 늘고 있다. 80년대의 품질관리서클은 종종 그 성격상 일시적인 집단일 뿐이라는 한계를 경험하게 되었으며, 집단의 구성원은 해결책을 제안하도록 요구받더라도 자신의 아이디어를 실천에 옮길 수 있는 힘과 권한을 거의 가지지 못하여 제대로 실효를 거두지 못하였다.

전통적인 작업조직과 자율경영팀을 비교할 때, 그 차이는 가히 혁신적인 것으로 후자의 작업자들에게는 일을 할 수 있는 권한이 주어졌다는 점이다.

자율경영팀의 가장 큰 특징은 책임감과 권한이 주어졌다는 것이다.

자율경영팀의 경우, 구성원들의 몰입과 더불어 상대적으로 생산성 · 품질 · 고객만족·원가 등에서 상당한 개선이 있다는 점이다. 이는 자율팀의 개념에서 나오는 직무에 대한 주인의식이 끊임없는 개선을 강조하게 만들며, 비약적인 개선을 가져오기 때문이다.

직무에 대한 주인의식은 품질, 생산, 서비스 등 많은 분야에 개선을 보이고 있다.

자율경영팀의 도입과 운영에 있어서 가장 중요한 문제는 중간관리층들을 어떻게 이 팀 개념에 동화시키느냐 하는 것이다. 사실 팀 스스로 계획하고 통제하고 자신들이 감독하기 때문에 중간관리자의 역할이 줄어들게 되기 때문이다. 자율경영팀 이라고 항상 성공하는 것은 아니다. 이 팀은 기술이 적절하고 주의 깊게 실행되고 조직구성원들이 이 개념에 동화될 경우 매우 효과적으로 할 수 있다.

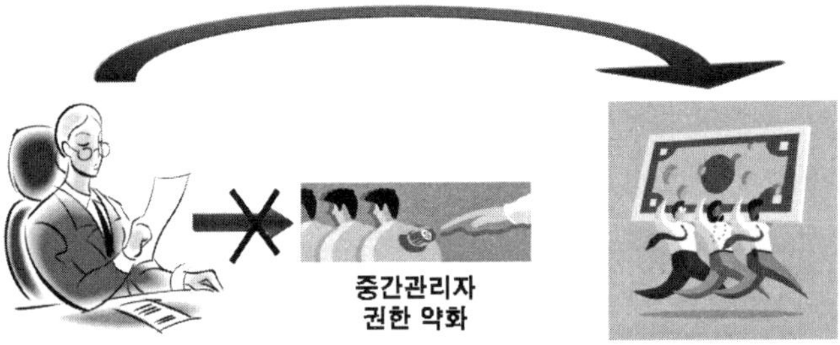

〈표 1-5〉 자율경영팀의 유리점과 문제점

유리한 점	문제점
• 작업방법이 개선된다. • 채용 및 충원에 도움이 된다. • 요원배치에 유연성이 있다. • 품질이 개선된다. • 업무성과가 향상된다. • 스탭지원이 감소된다. • 감독업무가 줄어든다. • 의사결정이 개선된다.	• 봉급수준이 높아진다. • 교육훈련비가 높아진다. • 요원의 교육훈련이 필요하다. • 예상치 않은 일이 발생할 수 있다. • 중간관리층의 저항이 있다. • 스탭집단의 저항이 있다. • 참여자와 비 참여자간에 갈등이 생긴다. • 팀 화합에 많은 시간이 소요된다.

(6) 품질모티베이션 운동과 소집단활동

모티베이션 운동은 그의 추진내용면에서 볼 때 동기부여형과 불량예방형으로 나눌 수 있다.

① 동기부여형

작업자책임의 불량을 줄이기 위해서 종업원을 자극 시키는 것이다.

② 불량예방형

관리자책임의 불량을 줄이는 데 작업자가 관리자를 돕도록 자극시키는 데 주안점을 둔 것이다.

ZD운동이나 우리나라 기업의 품질분임조활동은 대부분 동기부여형인데, 이 경우 다음 활동이 중점적으로 전개된다.

- 고의적 오류의 억제
- 품질의식을 높이기 위한 모티베이션 향상 교육
- 우수한 작업자의 기술을 습득하고 기술개선을 위한 교육훈련
- 국부적인 기술변경에 의한 품질개선

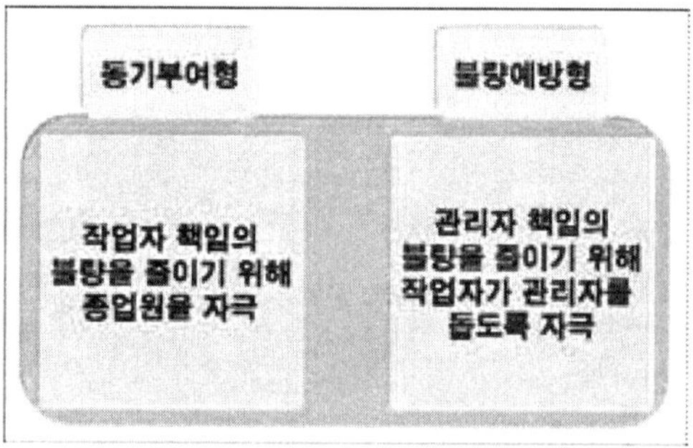

[그림 1-19] 모티베이션운동의 종류

이와는 달리 불량예방형 모티베이션 운동은 관리자 책임의 불량이라는 관점에서 작업자의 개선행위를 추구하고 있다. 개념상 관리자의 책임의 불량은 관리자에게 책임이 있는 것으로, 이들 불량을 탐색·추구하는 데 있어 작업자의 협조를 구하는 것이다. 예를 들면 QC서클활동에서 구성원이 문제를 발견하고 개선책을 모색하는 경우이다.

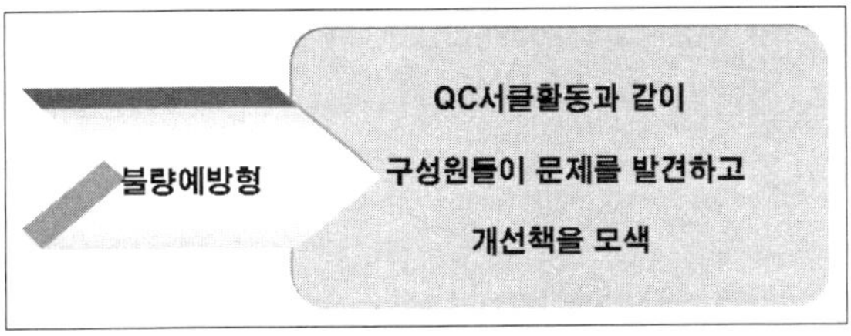

[그림 1-20] 불량예방형 모티베이션운동의 특징

따라서 품질향상에 대한 모티베이션운동은 동기부여형과 불량예방형을 병합해서 전개하는 것이 바람직하며, 그 대상자는 작업자만이 아닌 관리자의 동기유발도 중요하다고 본다.

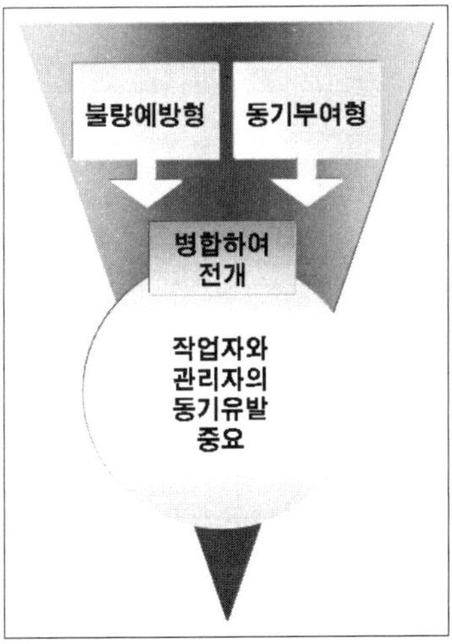

[그림 1-21] 모티베이션운동의 방향

구성원의 적극적인 품질개선활동을 유도하기 위해서 품질분임조활동을 보다 효과적으로 전개하려면 품질관리프로젝트팀을 편성하여 주요문제가 있을 때 지원을 한다던가, 목표관리나 자율경영팀을 조합하여 전개하는 것이 바람직하다. 이들 품질개선에 대한 동기부여를 목적으로 편성된 주요 소집단활동(품질서클활동, ZD운동, QC프로젝트팀, 자율경영팀)을 주요항목별로 비교한 것이 <표 1-6>이다.

〈표 1-6〉 품질관련 소집단활동의 여러 유형

기법 / 항목	ZD운동	품질서클활동	품질 프로젝트 팀	자율경영팀
다른 명칭	완전무결운동	품질관리분임조	품질개선팀	자주감독팀
목적	자기계발/ 오류제거	자기계발/현장 품질문제 해결	지주적 품질경영 기능별 품질문제해결	소임 업무의 계획 · 집행 · 통제
주제테마	직장 내 문제	직장 내 문제	기업 내 문제	부서 내 문제
준비	전사적 동기부여	품질개선동기 부여	중요문제 선정	전사적 동기부여
리더	반장급	반장급	조처를 취하는 책임부문의 장	팀장
구성원	작업자/사무원	작업자/사무원	관계부문 요원	작업자/사무원
구성원성격	자발적	자발적	강제적	강제적
인원 수	5~10명	5~10명	4~8명	6~12명
기간	지속적	지속적	일시적 문제 해결 시 해산	영구적
활동	업무 중에 활동	업무 중에 활동	임무활동	소임 업무활동
개선정도	작은 편	작은 편	개선정도가 큼	개선 범위 다양함

1.2.4 구성원의 참여와 권한부여

조직에 참여하는 사람들이 일하려는 진실 된 마음가짐과 구성원 상호 간에 믿음이 없으면, 관료주의, 마비, 혼란 등으로 모두가 고통을 받게 된다.

(1) 권한부여의 긍정적 효과

총체적 품질경영에서 긴요한 사항은 조직의 지속적인 품질개선 활동에 전 구성원이 효율적으로 참여하는 것이다. 구성원의 관여는 조직 구성원이 「팀」을 구성하고 있을 경우 가장 효과적이다. 구성원들은 그들이 관여하는 업무를 통해서 올바른 정보를 공유하게 되고 아울러 그들의 아이디어가 받아들여졌을 때 보다 충성하게 되고 만족하게 된다. 참여를 통해서 얻는 이익은 다음과 같다.

① 참여는 보다 더 나은 결정을 가져온다.
② 스스로 내린 결정을 더욱 기꺼이 수행하려는 경향이 있다.
③ 비금전적인 욕구를 충족시킨다.
④ 커뮤니케이션과 협력체제를 개선시킨다.
⑤ 참여적인 근로자는 스스로를 감독하기 때문에 감독관의 필요성을 축소시킨다.
⑥ 근로자의 존엄성을 증대시킨다.
⑦ 회사에 대한 충성심과 일체감을 높인다.
⑧ 목표설정의 단계로 가기가 용이하다.
⑨ 참여가 집단적으로 이루어지면, 채택된 의사결정대로 수행토록 하는 집단압력이 부가된다.
⑩ 노사가 우호적인 토대 위에서 문제해결에 함께 참여하면, 노사관계를 개선시키는 파급효과도 기대 할 수 있다.

대표적인 권한 부여의 예는 도요다 자동차의 「라인 스톱 시스템」으로 불량이 발견되었을 때 작업자가 라인을 세울 수 있는 권한이 부여된 점을 들 수 있다.

도요다 자동차는 공정에서 불량이 발생 시 작업자가 작업 라인을 멈출 수 있는 라인 스톱제를 실시하여 작업자들에게 권한을 부여하였다.

오늘날의 구성원들은 교육수준이 높고 능력이 있으며 동기부여적 이므로 전과 같이 타율적인 지시나 맹목적인 순종은 바랄 수 없는 것이 현실이다. 그래서 이제는 생산성이나 품질향상을 그들 스스로 추구하는 분위기 조성을 위해 권한부여가 무엇보다 필요한 것이다.

작업자가 생산성이나 품질의 향상을 그들 스스로 추구하는 분위기 속에서 권한부여는 무엇보다 중요하다.

권한부여는 사람으로 하여금 활기차게 일을 하도록 유도한다. 종업원 관여의 권한부여에 따라 높고 낮음을 나타낼 수 있는데, 예를 들면 「종업원제안제도」와 같은 낮은 수준의 권한부여에서 시작하여 중간수준의 「품질서클」, 그리고 「자율경영팀」과 같은 고도의 권한부여가 바로 그것이다.

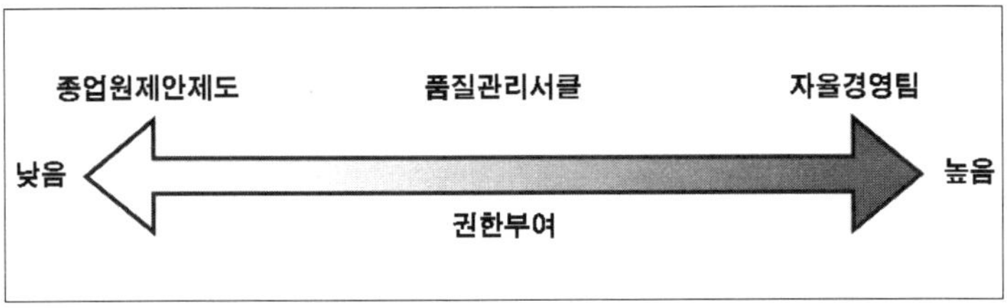

[그림 1-22] 권한부여의 정도에 따라 소집단 분류

권한부여는 일선 작업자나 종업원에 권한을 주어 적극성과 상상력을 실행에 옮길 수 있도록 독려하는 방식이다. 하급직원이 지시나 명령 등의 엄격한 통제에서 벗어나 자신의 생각·결정·행동 등에 대한 책임을 질 수 있는 자유를 준다면, 개인과 조직 모두에게 숨겨진 자원을 활용하게 되는 결과를 낳게 할 수 있다고 하였다.

- 권한부여의 Federal Express -

미국의 특급배송업체인 Federal Express는 높은 참여수준의 권한부여를 하고 있는 기업이다. 몇 년 전 팀 단위로 조직을 개편하여 천여 명의 사무직원을 5~10명씩 팀으로 그들에게 스스로 관리할 수 있도록 권한을 부여하고 훈련을 실시한 결과, 이들은 1989년 부정확한 청구서와 분실물 등 고객 서비스상의 문제들을 13% 감소시켰다고 한다.

Federal Express의 특징은 스스로 관리하는 자율경영팀, 이윤분배제도, 그리고 권한을 부여받은 구성원들이 다양한 고객들의 욕구에 대하여 유연하고 창조적인 서비스를 제공한다는 점을 들 수 있다.

일선업무에 종사하는 구성원들에게 권한부여를 했을 때, 예상되는 효과는 다음과 같다.

① 구성원이 서비스를 제공할 때 고객요구에 즉각 대응할 수 있게 한다. 불만 고객에게 그 즉시 잘못된 서비스를 바로 잡는 등

신속한 대응이 가능하다.

② 자신이 행하는 업무에 대해 만족감을 갖게 된다. 엄격한 규정은 담당자를 왜소하게 만들지만, 반대로 자기업무에 대해 소유감을 느끼게 되면 하는 일에 책임감을 갖고 자신의 일을 의미있게 보게 된다.

③ 구성원은 그가 접하는 고객에게 따뜻함과 열정을 더 많이 보여준다. 고객만족수준은 구성원의 만족과 직결된다는 사실은 많은 연구에서 밝혀진 바 있다.

④ 구성원들의 새로운 아이디어 창출에 활력이 솟는다. 자신이 조직발전의 주역이라는 점에 고무되어 제안된 품질개선안과 새로운 서비스 아이디어는 고객만족을 위해 매우 중요한 역할을 할 수 있다.

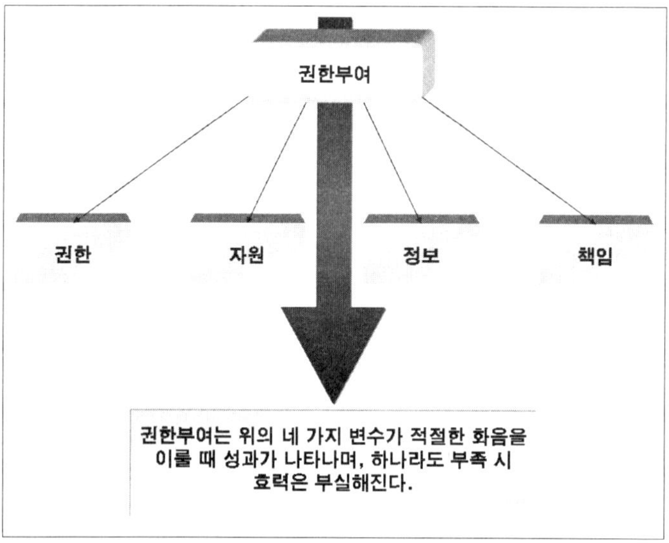

[그림 1-23] 권한부여의 네 가지 변수

권한부여의 부정적 측면으로는 권한을 부여할 구성원의 선발 및 훈련에 비용이 많이 소요되며, 구성원들의 자율적인 서비스 제공으로 서비스가 더디거나 일관성 없이 서비스가 제공될 수도 있다는 점을 들 수 있다. 고객은 예외적인 서비스 보다는 일관성 있는 서비스를 좋아한다.

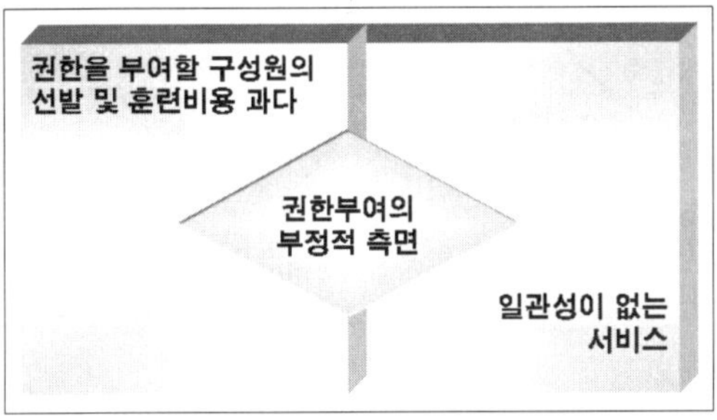

[그림 1-24] 권한부여의 부정적 측면

(2) 권한부여의 요건과 방법

우리가 반드시 유념해야 될 사항은 구성원에 대한 일방적인 권한부여만으로는 실효를 거두기 어렵다는 점이다. 즉 일하려는 마음가짐이 없거나 서로 신뢰할 수 없는 조직풍토에서는 구성원들에게 많은 권한을 부여해도 전술한 긍정적 효과는 기대하기 힘들다.

권한부여보다 훨씬 중요한 것. 작업자의 긍정적인 작업자세.

권한부여의 필수요건을 3차원으로 설명 할 수 있다.

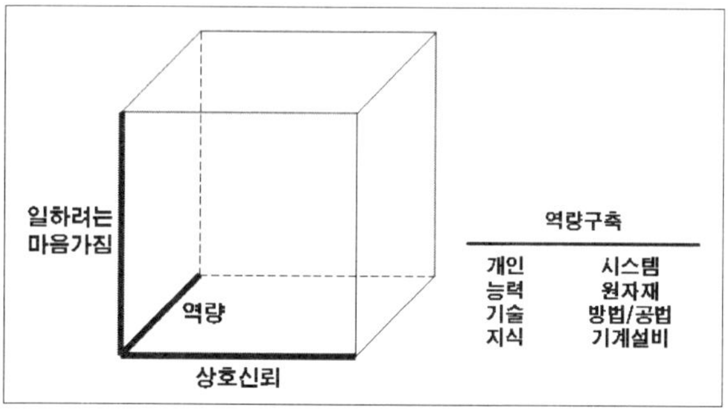

[그림 1-25] 권한부여 요건의 3차원 구조

① 마음가짐

모든 구성원이 그 조직업무에 적절한 마음가짐을 갖게 하려면 구성원들은 조직의 사명·비전·가치관·방침·목표 및 방법론 등에 관해서 알고 있어야 한다. 마음가짐이 제대로 되어 있는 구성원은 자신의 역할에 대해서도 알고 있음은 물론 헌신적으로 열심히 일할 각오가 되어 있다. 진실 된 마음가짐에는 참여와 순응의 모호한 갭을 이을 다리가 필요한데, 이것이 바로 리더의 역할이다. 리더는 구성원들에게 권한부여와 분위기 조성으로 열심히 일할 마음가짐으로 참여하도록 이끌어 나가야 하는데, 이를 강제로 이룰 수는 없다.

② 역량

구성원은 그가 맡은 직무를 수행하는 데 필요한 능력·기능·지식 등을 갖추고 있어야 하며, 아울러 조직에서 필요로 하는 자원들 즉 원자재·방법·기계설비 등도 구비되어 있어야 한다.

③ 상호신뢰

종업원은 경영자를 신뢰하고 경영자는 종업원들을 신뢰하며 구성원 상호간에 믿음이 있어야 권한부여의 성과가 제대로 나타날 수 있다.

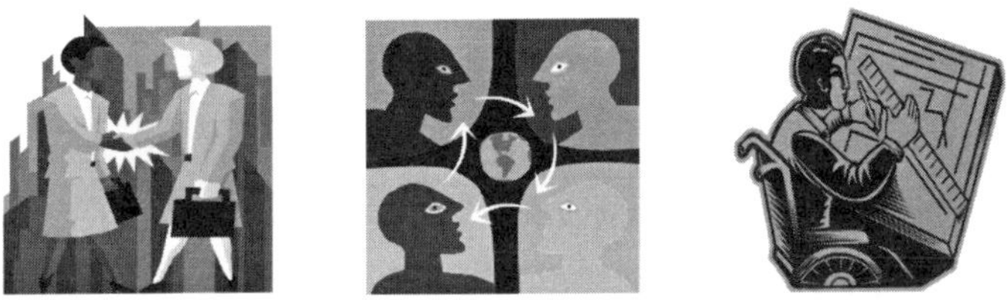

권한부여에는 상호간 신뢰, 원만한 의사소통, 개인 역량이 갖추어 졌을 때 극대화 된다.

따라서 권한부여는 효과적인 리더십의 자연적 결과로 볼 수 있다. 경영자나 관리자가 리더십을 충분히 발휘했을 때, 구성원은 일할 마음이 생기고 서로가 믿고 일하는 조직풍토가 조성된다고 보아야 한다.

하부계층으로의 권한부여를 보는 관점은 대별해서 통제를 중시하는 「생산라인식 접근법」과 구성원의 참여를 강조하는 「권한부여식 접근법」으로 나눌 수 있다. 이들은 권한이 어디에 있는가에서 그 차이점이 있다. 그 권한이 생산라인식 접근법은 조직상부에 있으며, 권한부여식 접근법은 조직하부에 있다.

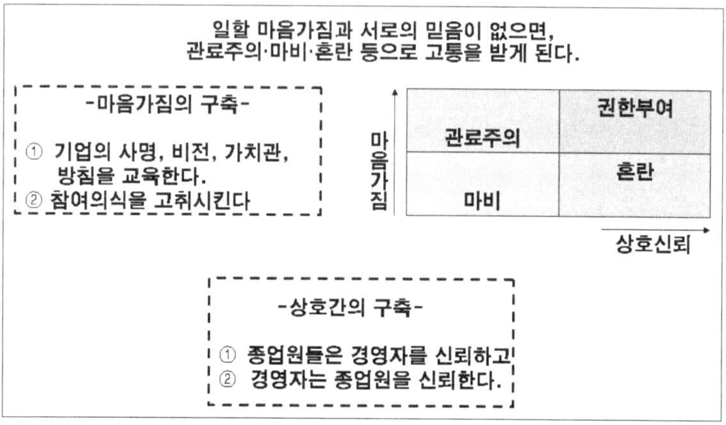

[그림 1-26] 효과적인 권한부여

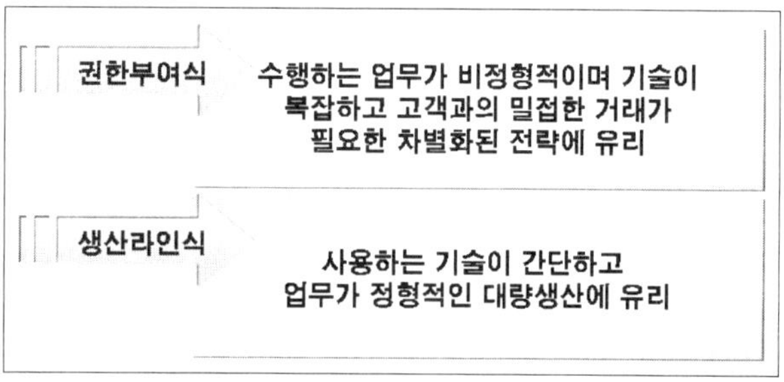

[그림 1-27] 하부계층으로의 권한부여의 관점

일선업무를 담당하는 구성원을 포함한 각 계층에 권한을 부여하는 경우, 권한의 부여정도에 따라 다음과 같은 선택 안을 고려할 수 있다.

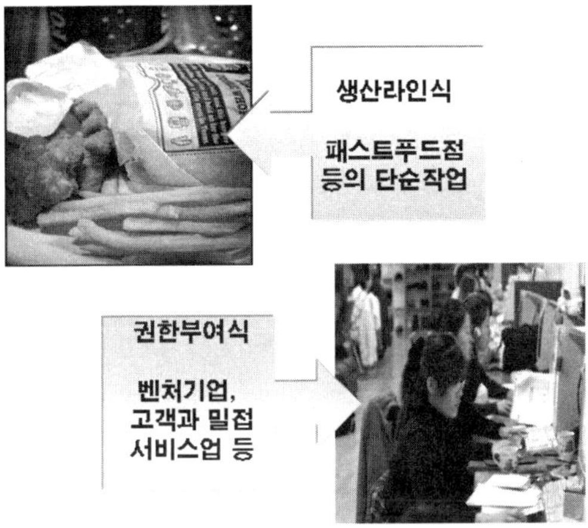

① 제안수준의 권한부여

공식적 제안 프로그램과 품질관리서클 등을 통해 아이디어를 제안하도록 하는 낮은 수준의 권한부여 방법

② 직무관련 수준의 권한부여

구성원이 다양한 기술을 발휘할 수 있도록 직무를 재설계하여 관련 권한을 부여하는 방법이다. 자율경영팀을 통해 이루어지는 경우가 많은데, 이들 팀 활동은 병원, 항공사와 같이 모든 서비스를 한 개인이 수행할 수 없는 복합적 서비스 조직에 적합하다.

③ 높은 참여수준의 권한부여

이는 전체 조직성과에 대한 관여가 가능하게 하는 것으로 그들은 업무단위의 관리결정에 참여하며 영업성과를 분배하기도 하는 높은 수준의 권한부여 방법이다.

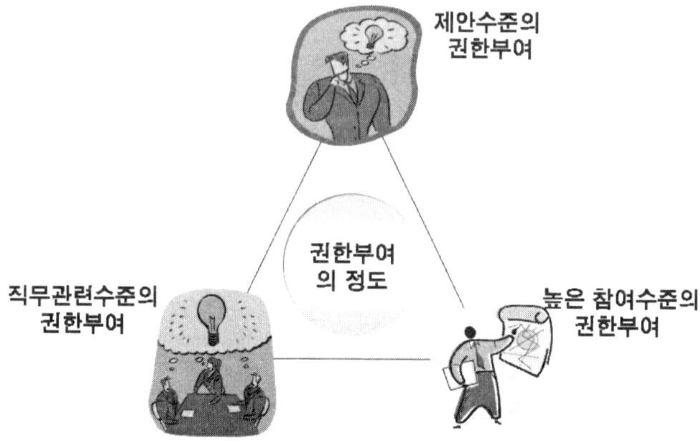

(3) 구성원 상호간의 신뢰감 조성

요즘 우리 사회가 불신풍조가 번지고 있음을 걱정하는 사람들이 많다. 상하간의 불신은 물론이고 동료 간에도 못 믿어하는 것을 가끔 본다. 이와 같이 서로가 믿지 못하는 조직사회에서는 업무능률은 물론 불필요한 시간과 비용의 낭비를 초래하며 경영성과 또한 부진하다.

조직구성원들 간의 긍정적 환경요인으로는 다음 네 가지를 들 수 있다.

- 진실한 의사소통과 구체적인 목표의 제시
- 관련 조직집단간의 협조적인 태도
- 솔직한 대화와 상호신뢰
- 종업원 스스로 정한 품질목표

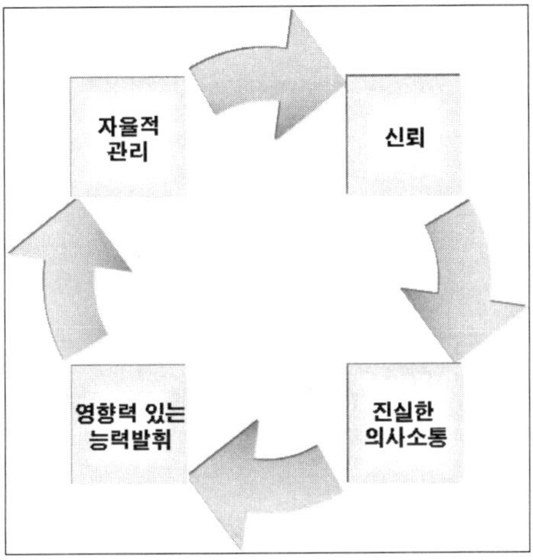

[그림 1-28] 신뢰의 사이클

한편 조직 내 부정적인 환경요인을 다음과 같이 제시하였다.

- 불충분한 의사소통
- 종업원의 자기보호적인 과소 작업표준량의 고수
- 두려움과 적대감
- 고위층의 엄격한 통제
- 신뢰도의 결여
- 무사안일한 분위기

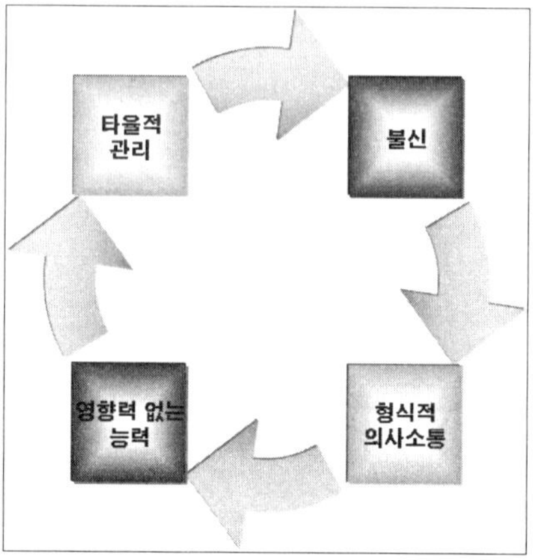

[그림 1-29] 불신의 사이클

신뢰 사이클 즉 신뢰풍토로 발전되면 될수록 종업원과 경영자 그리고 집단 상호간의 협조와 자율적 관리의식이 높아지고 불신 풍조는 서서히 사라지며 서로 친밀한 분위기가 조성된다.

(4) 품질의식과 능력과 함양(구성원의 품질관리 교육)

제품이나 서비스의 품질은 구성원들의 적극적인 참여와 계속적인 능력 함양의 노력 없이는 이루어질 수 없는 것이다. 즉 전체 구성원의 품질개선능력과 품질의식을 높이기 위해서는 무엇보다 품질관리교육과 품질 모티베이션이 필요하다.

① 품질관리의 중요성

품질관리교육은 경영간부를 포함한 전체 구성원이 좋은 제품을 고객에게 서비스하지 않으면 안 된다고 하는 품질의식을 갖게 할 뿐만 아니라, 품질개선활동의 업무수행에 필요한 지식·기능 및 모럴 향상을 도모하고, 그들 구성원에 대한 능력개발과 인재육성의 수단이 된다.

② 품질관리 교육의 방법

교육실시 장소에 따라 사내교육과 사외교육으로 나눌 수 있다.

• 사내교육

일상작업 중에 교육을 실시하여 작업자로 하여금 업무수행에 필요한 지식·기능·태도 등의 대해서 배우도록 하는 「직장 내 훈련 방식(OJT : On the Job Training)」과 작업장을 떠나서 집합교육으로 실시하는 「직장 외 훈련방식(OffJT : Off the Job Training)」이 있다. 특히 기능교육에는 직장 내 훈련 방식이 이해가 빠르고 효과도 높다. 품질분임조 활동을 실시하는 경우, 분임조원은 현장활동을 통해서 자기계발과 상호계발의 기회를 가지며 현장과 밀착된 교육으로 효과가 크다.

• 사외교육

전문강사에 의해 실시되는 교육으로, 중소기업에서 특히 필요로 하는 교육이다. 이 밖에 최신의 품질관리 기법이나 이론 그리고 다른 기업의 실정을 배우는 데에도 많이 이용된다.

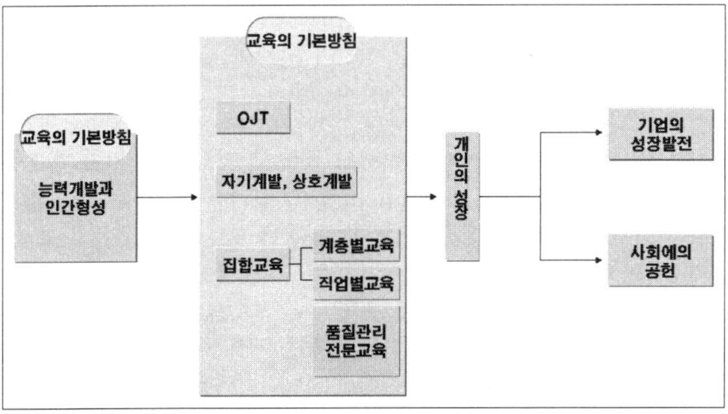

[그림 1-30] 교육의 기본방침과 성과

• 이념교육

품질의식이나 문제의식과 개선의식을 고취시키고 사기향상을 위해 필요하다.

• 교육대상

경영간부, 관리자, 품질관리자, 감독자, 작업자로 나누어 교육시킨다. 계층별로 교육을 체계화 하는 것이 필요하다.

- 경영간부에게는 기업책임과 품질관리의 중요성 인식
- 관리자에게는 품질관리시스템과 중점교육
- 품질관리실무자에게는 전물기술 습득교육
- 감독자에게는 품질관리실천과 부하의 통솔방법 교육
- 작업자에게는 품질의 중요성을 인식. 품질개선 교육

– 도요다의 품질문화 –

공장 곳곳에 「좋은 생각 좋은 제품」이라는 구호가 걸려있는 자동차공자에서 조금도 쉬지 않고 동료 일까지 거들어 가며 일벌처럼 움직이는 근로자들은 근무 중 용변이나 흡연, 잡담이 없으며 다음 공정에 불량품을 넘기지 않음에 대해 우리는 감탄한다.

1958년 미국시장에 「크라운」이라는 승용차를 출시한 도요다는 고속도로 주행 중 진동이 심하고 엔진이 과열되어 1960년 철수라는 최악의 상황까지 이른 적도 있었다. 그러나 시간이 지난 후 상황은 바뀌어 도요다의 「렉서스」는 최고의 품질을 자랑하고 있다.

도요다 공장은 지난 30년간 다 한 건의 파업도 없었다. 30여년 전 도요다의 노사 간에 작성된 「노사선언」에 보면 "자동차산업발전을 통해 국민경제성장에 기여한다. 노사관계를 상호신뢰를 기반으로 한다. 생산성향상을 통해 기업번영과 노동조건의 유지·개선을 도모한다." 등을 지금까지 노사양측이 준수해 오고 있다.

도요다공장에서 가장 중시하는 규율이 하나 있는데 그것은 "불량품을 뒤로 넘기지 말라"는 것이다. 도요다의 「불량 제로 원칙」은 선대 때부터 내려온 전통이다. 도요다자동차의 전신 도요다방적을 창업했던 도요다사기찌는 독특한 방적기를 발명했는데 그것은 실이 하나라도 끊기면 기계가 멈추는 것이었다. 그리고 도요다의 「불량품 후송 금지원칙」을 가장 철저히 준수하는 사람은 경영자가 아니라 현장의 종업원들이다. 그래서 생긴 것이 바로 「라인스톱시스템」이라는 제도이다.

품질관리 교육을 효과적으로 추진하기 위해서는 다음 준수 사항에 유념하여 실시할 필요가 있다.

- 품질교육을 핵심교육으로 할 것.
- 교육은 상위직 부터 실시할 것.
- 전 사원을 계층별로 교육시킬 것.
- 품질관리의 기본사고방식을 확실하게 이해시킬 것.
- 교과과정 속에 연습과 그룹토론을 넣을 것.
- 자사의 사례집을 만들어 활용할 것.

1.2.5 중소기업의 품질경영 실천

(1) 중소기업 품질관리 실태

사실 우리는 그 동안 많은 경우 외형적인 품질관리활동에 치우쳐 내실을 가할 수 없었다고 본다. 우리나라 산업에서 종합적품질관리(TQC)의 정착단계에 있는 기업이 얼마나 될까? 독자 여러분의 생산현장이나 주위에서는 다음과 같은 일이 반복되고 있지 않습니까?

- 품질이 떨어진다.
- 처리시간이 길다.
- 검사가 늘어난다.
- 유능한 종업원이 이직한다.
- 문제해결을 위한 회합이 늘어난다.

- 비방 · 불만이 늘어난다.
- 고객의 불만이 늘어난다.
- 임기응변식 관리
- 품질이 떨어진다.

우리나라 중소기업 중 품질관리가 바탕이 되는 사내표준화가 정비된 기업은 채 40%정도 남짓하다.

이상은 품질관리에 문제가 있다는 신호로서 이러한 기업에서는 무엇보다 사내표준화를 확립하고 품질관리체제를 확립하도록 해야지 품질경영이나 총체적 품질경영체제로 곧바로 돌입하는 것은 무리와 낭비가 따르게 된다.

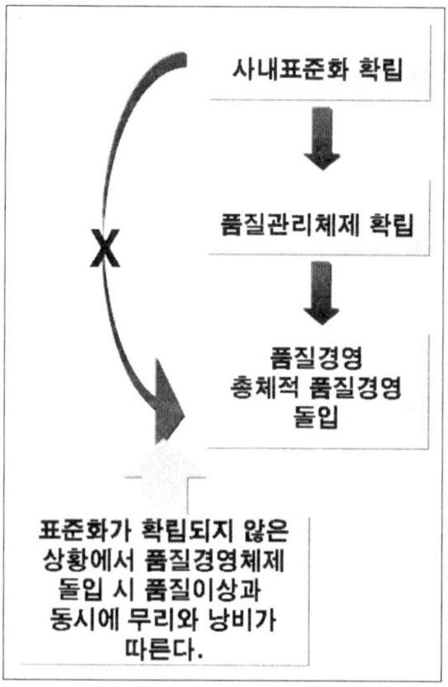

[그림 1-31] 품질관리의 문제

품질경영의 성패는 최고경영자의 품질경영에 대한 열의와 능력에 따라 좌우된다고 해도 과언이 아니다. 그럼에도 상당 수 중소기업의 톱은 형식적이고 외형적인 관리에 치우치고 있기 때문에 품질경영 실천을 위한 품질목표나 방침은 보기 힘든 실정이다.

사내표준은 품질관리의 기반을 이루는 것으로, 사내표준화가 이루어지지 않고서는 품질보증을 기대할 수 없다. 경영자를 비롯한 상당수의 구성원들은 표준화의 중요성을 인식하지 못하고 있으며, 일부하청업체는 모기업으로부터 받은 설계도면이 유일한 사내표준으로 활용되고 있는 경우도 있다.

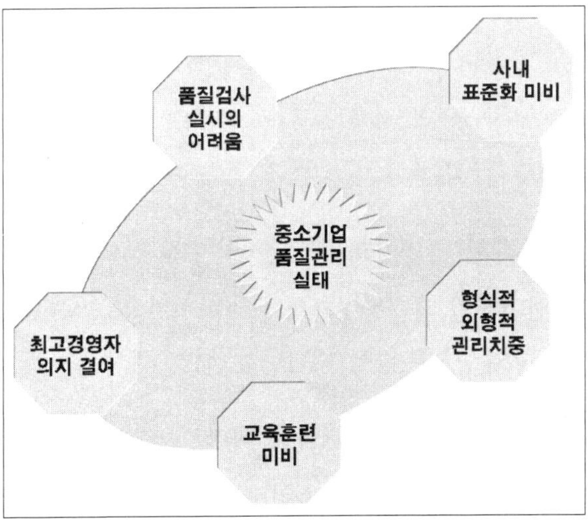

[그림 1-32] 중소기업 품질관리 현 주소

구성원의 수준이나 능력 면에서 열세인 중소기업은 끊임없는 교육훈련을 통하여 인재육성에 힘써야 됨에도 불구하고 현실적으로 교육훈련을 제대로 실시하지 못하고 있다. 전문기술의 경우 부분적이나마 사외교육이 시행되고 있지만 체계적으로 실시되고 있지 못할뿐더러 그 효과 또한 크지 못한 것이 사실이다.

협력업체 품질관리의 문제점 중 중소기업 협력업체에 관한 내용만을 꼽아 보면 다음과 같다.

① 최고경영자의 품질의식이 부족하다.
② 품질관리 담당자나 추진조직이 없어 품질관리에 대한 연구나 추진이 어렵다.
③ 영세성으로 인해 품질관리 교육이나 관련 자료 및 정보수집, 검사설비의 설치가 힘들다.
④ 모기업을 상대로 한 부품의 하청제작을 주로 하기 때문에 독자적인 품질관리시스템을 운영하기 어렵다.

(2) 중소기업에서의 품질경영 실천요령

위에서 살펴본 많은 제약점을 안고 있는 중소기업에서의 품질관리 실천요령을 적어 보기로 한다.

① 품질에 대한 경영자의 확고한 의지가 필요하다.

배의 선장격인 최고경영자의 품질의지가 불분명하다면, 이것은 망망대해를 목표 없이 떠다니는 배와 같다.

② 기업의 경영자는 품질관리에 대한 방침을 정해야 한다.

기업의 정책이나 방침은 경영자의 실천의지를 달성할 수 있도록 전체적인 틀을 제공하여 목적을 이루도록 도와준다. 정책은 중요한 사업 활동의 목적을 명백히 하고 품질프로그램의 방향을 제시해준다.

③ 고객만족을 위해 품질 개선 및 관리활동을 한다.

소비자나 발주업체는 외부고객이고 내부고객은 다음 공정이나 업무의 관련부서나 상사 등을 꼽을 수 있다. 고객의 요구를 신속히 인지하기 위해서는 긴밀한 접촉과 의사소통을 필요로 하며, 정보수집을 비롯하여 시장조사, 주문정보의 체계적인 분석, 애프터서비스의 정보 등을 품질경영활동에 이용하는 것도 하나의 방법이 된다.

④ 불량문제는 원인을 찾아 체계적으로 해결되어야 한다.

많은 회사에서 보건대 제품생산과정에서 실제로 발생된 재작업이 얼마나 많은가를 알고 있는 경우는 드물다. 현장사람들은 상당수는 사소한 문제가 발생하면, 이를 상부에 보고하지 않고 교정한다. 그 작업자는 문제가 단순하여 주의를 기울일 만큼 중요하지 않다고 느낄지 모르지만 그 문제가 비번하게 발생하는 문제일 수도 있고 시방서를 수정함으로써 피할 수 있는 문제일 수도 있다.

말단 직원들은 회사의 산 증인이다. 그럼에도 그들이 하는 업무가 너무 일상적인 것이어서 자기들이 지식과 공헌이 얼마나 특별한 것인지 깨닫지 못한다.

– 말단 작업자의 퇴직과 품질소동 –

미국 코넥티컷트주에 있는 한 생산기업은 타 회사에서 주조해 온 거푸집을 하청해 주기로 결정했다. 처음 3년 동안은 하청품목 어느 하나도 반품되지 않았다. 그런데 어느 날 반품률이 놀랍게도 100%로 뛰어 올랐다.

하청부품이 조달되지 않자, 조립생산라인은 서로에게 책임을 전가하느라고 혼잡한 가운데 생산라인이 정지되어 버렸다. 하청업자는 사용자재나 제조방법이 예전과 다른 것이 없다고 맹세했다. 생산현장 역시 자기들로서는 변한 것이 없다는 것을 확신했다.

조사결과 문제가 된 특수부품을 취급한 최초의 직원이었던 프레드가 퇴직했음이 밝혀진 것이었다. 그 부품을 처음 설계해서 거푸집을 최초로 만들어 부품을 생산했을 때, 프레드는 부품 표면에 작은 흠집이 있는 것을발견했다. 그는 거푸집에 있는 작은 결함요소 때문에 흠집이 생긴 것이라고 추정하고 줄로 쓸어버렸다. 그 내용을 상사에게 여러 번 반복해서 건의

했으나 아무런 조치가 없자 그는 주머니에 줄을 넣고 다니면서 새 부품이 들어올 때마다 흠집을 제거해 나갔다.

⑤ 현장의 정리정돈과 설비의 예방보전을 적극적으로 실시한다.

작업장을 효율적으로 활용할 수 있음은 물론 불필요한 동작과 재고를 줄일 수 있다. 생산현장의 정리, 정돈, 청소, 청결 등의 5S운동은 중소기업에서도 진가를 발휘하고 있는 활동이다.

그리고 예방보전은 설비의 성능을 경제적으로 유지하는 기본대책으로서 특히 중요한 활동이다.

- 5S 운동 -

일본의 생산현장에서 생산시간을 줄이고 생산성 향상을 위해 제시한 다음의 5가지 실천사항이 첫 단어 음이 'ㅅ(S)'발음 이라는 뜻에서 「5S운동」이라고 한다.

① **정리**
필요 없는 것은 과감히 버리는 일
② **정돈**
필요한 것을 필요할 때 사용하기 쉽게 정해진 곳에 정렬하여 누구나 알 수 있도록 명시해 두는 일
③ **청소**
일터를 항상 쓸고 닦아서 깨끗하고 더러움 없는 환경을 조성하는 일
④ **청결**
정리, 정돈, 청결 상태를 유지하는 것
⑤ **생활화**
정해진 일을 항상 바르게 지키는 습관을 몸에 익히는 일

⑥ 자주검사로 현장의 불량을 원천 봉쇄한다.

다음공정이 고객이라는 입장에서 볼 때, 불량을 절대로 넘겨줄 수 없다는 책임의식을 현장에서 갖도록 한다는 점에서 자주검사의 의의는 매우 크다. 만일 불량을 그대로 놔두었다가 최종

단계에서 실시되고 있는 재작업은 막대한 비용과 시간을 허비하는 것으로 이들은 현장의 자주검사로서 대부분 줄일 수 있는 것들이다. 이와 일맥상통하는 것이 바로 도요다 자동차의 「라인 스톱 시스템」으로 알고 보면 자주검사가 그 핵심을 이루고 있다.

⑦ 구성원은 품질개선 및 경영활동에 동참하여야 한다.

품질을 이룩하여 유지하고 개선하는 주체는 기업의 구성원들로서 이들을 품질개선 및 관리활동에 동참시키려면 경영자의 강력한 리더십과 동기부여가 필요하며 아울러 그의 실천의지 표명과 솔선수범이 선행되어야 한다. 그리고 구성원들로 하여금 품질의 안정이 얼마나 중요한 것인가를 이해할 수 있도록 품질경영에 관한 교육훈련을 실시하고 품질개선과 성과를 확인할 수 있는 기회도 마련되어야 한다.

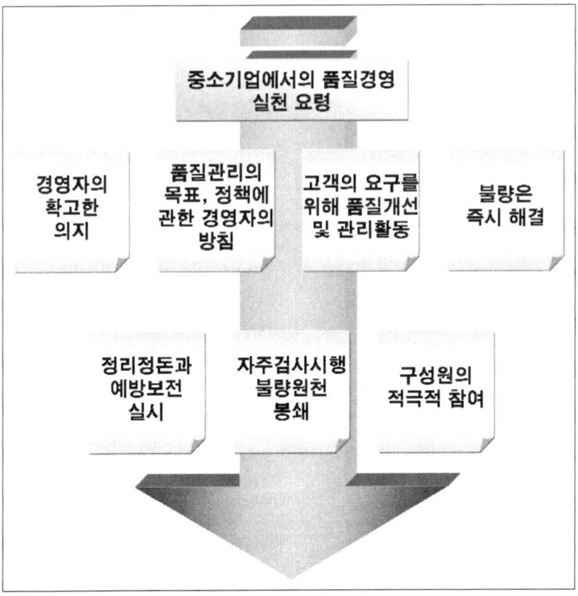

[그림 1-33] 품질경영실천을 위한 중소기업의 노력

02 3차 산업의 품질경영

CHAPTER

2.1 서비스의 품질관리

2.1.1 서비스의 품질

(1) 서비스의 개념

서비스의 본질은 타인을 위한 정신적·육체적 노무의 제공으로 볼 수 있다. 서비스는 "고객의 편익과 만족을 위해서 서비스제공자 자신 내지 다른 서비스자원을 이용하는 과정·노력·행동의 수행"이라 정의할 수 있다.

서비스는 고객과 일선에서 마주하는 산업이다.

서비스는 고객의 요구에 정성껏 부응하기 위해서 대가를 받고 고객에 제공되는 물리적 기능과 정서적 기능의 조합이라 할 수 있는데, 이들 기능은 서비스의 생산 및 제공활동을 통해서 실현된다.

① 물리적 기능

목적하는 서비스를 제공하기 위해서 고객에 제공되는 물리적인 움직임을 말한다.

② 정서적 기능

물리적 기능에 부가해서 고객에게 정서, 안심감, 신뢰감 등 정신적 기쁨의 감정을 불러일으키는 기분이나 분위기를 주는 움직임을 말한다.

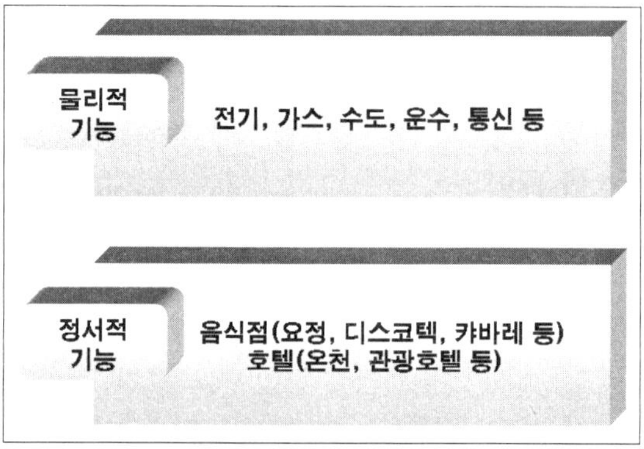

[그림 2-1] 서비스의 두 가지 기능

서비스의 일반적 특징은 무형성을 들 수 있다. 즉, 서비스는 실체가 보이지 않으며 만져지지 않는다. 그래서 서비스는 측정, 평가, 관리가 곤란하다. 이는 물리적인 속성 내지 제품속성으로 측정할 수 없다. 그리고 서비스는 제품이 아니라 봉사, 과정이기 때문에 저장이 곤란하다. 서비스는 대부분 제공자와 고객관의 대면으로 접촉이 이루어지고 제품처럼 물리적 신뢰성보다는 인적 신뢰성과 밀접한 관계를 갖고 있다.

제품은 구매 이전에 그의 품질을 확인해 본 후 구입 가능하지만 서비스는 구매 후에만 서비스의 질을 알 수 있다.

〈표 2-1〉 서비스의 특성과 문제점

서비스의 특징	특 성 설 명	문 제 점
무형성	• 형태가 존재하지 않는다. • 실체를 만질 수 없다. • 상사하기 어렵다.	• 저장불가능하다. • 가치평가가 어렵다. • 평가, 관리가 곤란하다.
이질성	• 표준화가 어렵다. • 고객에 대한 서비스가 동일한 제공자일지라도 다를 수 있다. • 고객의 특성으로 서비스가 달라 질 수 있다.	• 표준화가 어렵다. • 품질 측정이 어렵다. • 모든 고객을 만족시키기 힘들다.
소멸성	• 판매되지 않는 서비스는 소멸됨. • 수요에 시한성이 존재한다.	• 재고로 저장 불가피
비분리성	• 생산과 소비가 동시에 일어난다. • 고객이 생산과정에 참여한다. • 고객과의 접촉으로 이루어진다.	• 고객이 개입된다. • 구입 전에는 시험이 불가능하다.

(2) 서비스 품질의 개념

소비자에 의해서 지각된 서비스 품질은 기술적 품질과 기능적 품질에 대해 소비자가 갖는 견해의 결과라고 하였다.

① 기술적 품질

최종적으로 고객이 받는 것.

② 기능적 품질

기술적 품질이 기능적으로 고객에 이전되는 과정을 의미한다.

예를 들면, 음식점에서 음식의 질과 맛이 최종적으로 고객에 전달되는 기술적 품질이라면, 음식점 종사자의 외모와 행동은 기능적 품질로서 서비스 품질의 주요 요소가 된다.

음식의 질과 맛이 기술적 품질
웨이터의 친절함과 행동은 기능적 품질

소비자가 인식한 서비스품질은 그가 갖고 있는 정보, 경험, 기업이미지, 개인적 욕구 등에 근거하여 서비스기업이 제공할 것이라고 '기대한 서비스'와 그가 제공받은 서비스의 과정 및 성과에 대해 그 자신이 '지각한 서비스'를 그가 갖고 있는 평가기준에 비추어서 비교한 것이라고 정의 할 수 있다.

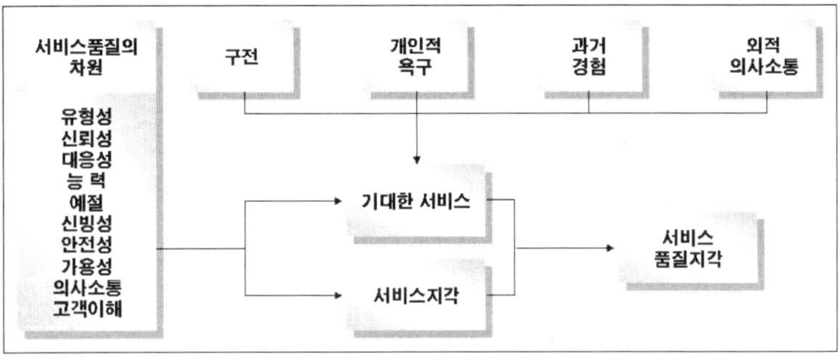

[그림 2-2] 서비스 품질에 대한 고객의 평가

(3) 서비스 품질의 특성

고객들이 제공받는 서비스의 형태가 제각기 다름에도 불구하고 서비스품질을 인식할 때 사용하는 평가기준이 있는데, 그것이 바로 서비스 품질특성이다.

① 유형성

서비스기업에서 보유하고 있는 물적 설비, 장비, 도구, 진열, 구성원들 외모 등과 같은 것이다.

② 신뢰성

약속된 서비스를 정확하게 이행하는 능력

③ 반응성

고객에게 서비스를 신속하게 제공하려는 의지로서 서비스요원의 열의와 준비성을 말한다.

④ 능력

서비스를 수행하는 데 필요한 구성원들의 지식과 기술의 소유를 뜻한다.

⑤ 예의

고객을 접대하는 구성원의 친절하고 상냥하며 용모이다. 백화점의 안내원을 예로 들 수 있다.

⑥ 신용도

서비스 제공자의 신뢰도, 진실성, 정직성을 말한다. 신용제일을 모토로 하는 상점, 믿을 수 있는 상표나 기업의 이미지 등을 꼽을 수 있다.

⑦ 안전성

고객은 서비스제공과정이나 서비스결과로부터 어떤 위험이나 심적 부담이 없어야 함을 뜻한다. 금전적·육체적·정신적 안전과 서비스관련 비밀보안 등이 해당된다.

⑧ 접근성

서비스의 접근가능성과 접촉의 용이성을 뜻한다. 24시간 영업하는 식당, 슈퍼체인, 야간은행의 개설, 주차나 정차가 용이한 곳의 입지, 교통이 편리한 곳의 입지, 전화를 이용한 텔레마케팅, 컴퓨터통신을 이용한 영업 등을 예로 들 수 있다.

⑨ 의사소통

고객의 말에 귀를 기울이고 고객들이 이해할 수 있도록 정보를 제공하는 것이다. 자동차를 판 영업사원이 자동차유지 정비에 관한 정보를 알기 쉽게 자세히 알려주어 반복구매를 할 수 있도록 하는 따위이다.

⑩ 고객의 이해

고객과 그들의 요구를 알려고 하는 노력을 말한다. 이는 고객 개개인의 특정 요구를 파악하여 이를 충족시키는 단골고객을 확보하기 위함이다.

이상 열거된 10가지 품질특성은 서비스의 유형이나 내용에 따라 그 중요도가 각각 다르다는 점이다. 그러므로 직업의 특성에 맞는 특성들을 잘 파악하여 고객들에게 최고의 서비스로 보답해야 한다.

〈표 2-2〉 서비스 기업의 특성과 등급결정요인

서비스 기업	등급 결정요인	주요 내용
은 행	창구직원	친절성, 신속성, 정확성, 접근성
	대출구좌	대화가능성, 적절한 신용조사. 이자율, 대출기간, 부실대출 비율
	예금구좌	정확성, 입출금의 속도, 무담보대출
백화점	제품창고	청결, 조직적 관리, 충분한 상품 공급
	진열지역	매력성, 잘 정리된 진열, 고객의 의견 청취
	계산대	깔끔함, 친절, 지식 있는 판매원, 대기시간
레스토랑	주방	청결, 직절한 재고, 위생적인 음식
	계산대	신속성, 정확성, 외관성
	식사장소	청결, 편안함, 정기적인 조사

– 백화점 종사원의 헌신적이고 친절한 서비스 –

냉장고를 생산하고 있는 L사는 외주업체 경영자를 초청하여 품질품평회를 가진 적이 있었다. 이 자리에 참석한 D페인트회사의 사장은 납품회사의 품질 대비표를 보고서야 자사제품의 품질 수준이 제일 낮은 것을 알게 되었다. 그 후 품질개선을 위해 적극 노력한 결과, 품질수준을 업계 정상으로 올린 사례가 있다.

다음은 L백화점에 1979년에 입사하여 82년 모범사원상, 84년 권유판매상 1등상, 85년 품질분임조 1등상, 87년 크레디트 카드 권유 1등상을 수상한 김윤자씨의 이야기이다.

그녀가 처음으로 발령을 받은 근무처는 도자기 코너였다. 그녀는 그 때까지 도자기에 대해 아는 것이 아무것도 없었으므로 고객에게 자기가 맡은 상품인 도자기에 대해 어떻게 설명을 해야 할지 막막하기만 했다. 새로 여는 백화점이라 선배사원으로부터 배울 수도 없었다. 우선 물컵, 커피세트, 꽃병, 수저받침 등 도자기류 몇 점을 구입했다. 거래처로부터 팜플렛도 구하여 집에 가서 연습을 했다.

팜플렛도 모두 외우고 상품에 대한 지식을 들고 마음에 꽉 차지 않았다. 그녀는 그 해 여름휴가를 이용해서 목포행 열차를 탔다. 거래처인 행남사를 방문하여 많은 것을 보고 배울 수 있었다. 직접 굽기도 하고, 재벌구이, 초벌구이, 상품화 하는 과정, 디자인하는 과정 등을 면밀히 살펴보았다. **(능력)**

그녀는 즉석에서 청색 반상기 세트와 커피세트는 '청실 반상기'붉은 색이 섞인 것은 '홍실 반상기' 등의 이름을 붙였다. **(유형성)** 그래서인지는 몰라도 실제 매출에서 그때의 두 세 종류는 상당히 오랫동안 히트 상품이 되었다.

어느 날 퇴근 무렵이었다. 그 날도 그녀는 매장을 한 번 빙 둘러보며 이상 유무를 체크해 보았다. 그런데 달러가 든 지갑이 매장에 버려져 있는 것이 아닌가. 그녀는 폐점 임박해서 외국인 소님이 다녀간 것을 기억해 내고는 가방을 들고 뛰어나갔다. **(반응성)**

판매 중에 어느 나라에서 왔는지, 어디에서 묵고 있는지를 알고 있었기 때문이다. **(의사소통)**

그 호텔에 막 들어서니, 그 손님은 프론트에서 자기에게 벌어진 어려운 상황을 열심히 설명하고 있는 듯 했다. 얼핏 보기에도 매우 당황해하는 모습이었다. 그녀는 얼른 달려가서는, "손님, 이 가방 찾으시는 거죠?" 하며 가방을 내밀자, 그 손님은 거의 쓰러질 정도로 기뻐하며 어쩔 줄 몰라했다. 평생을 살아가면서 기 고마움과 정성을 절대로 잊을 수 없을 것이라고 몇 번씩이나 말하였다. **(신용도)**

폐점을 몇 분 남기고 필리핀 부부가 스웨터를 찾는다고 했다. 그녀는 파운데이션 코너였지만, 스웨터를 파는 4층까지 안내하면서 **(접근성)**

백화점의 연혁 등을 설명하고 토산품이나 전통수예 등도 설명해 주었다. **(의사소통)**

그 이후 몇 년이 지나도록 그들 부부를 백화점에서 만날 수 있었다.

어느 부부가 대단히 화가 나서 상담실에 찾아왔다. 상품을 사고는 10만 원짜리 수표로 지불하였는데, 직원이 일요일이라서 받을 수 없다고 하면서 그 태도가 대단히 불손하였다고 한다. 그녀는 상황을 곧 알아차리고, 즉시 계산대에 가서 거스름돈을 지불했다. **(반응성, 고객이해)**

앞으로는 이런 일이 없도록 하겠다고 진심으로 사과의 말을 하니 그 부부는 됐다고 하면서 명함을 한 장 주었다. 그녀는 담당 사원에게 상황에 맞게 응대해야 한다고 친절하게 가르쳐 주고는 받은 명함의 주소로 소홀하게 응대한 것에 대한 사과의 편지와 함께 스카프를 한 장 보내 주었다. **(예의)**

그 후 그 부부로부터 전화가 왔다. "앞으로는 만나는 사람마다 이 이야기를 할 것이며, 'L'자만 보아도 그 백화점에 가고 싶은 충동을 느낀다."는 말이었다.

(4) 서비스에 대한 고객의 기대

① 고객의 기대를 이해하는 것은 최고 서비스의 필수 조건이다.

고객들이 원하는 것이 무엇인지. 끊임없이 생각하라.

② 고객들은 기본적인 서비스를 기대한다.

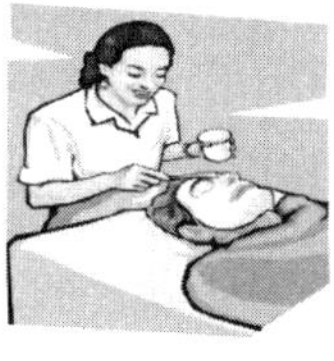

고객들의 이해와 상충되는 최고의 서비스를 제공해야 한다.

고객의 기대에 주요한 영향을 미치는 것은 가격이다. 고객들은 그들이 지불한 금액과 비례하여 그에 상응하는 서비스를 기대하고 있었다. 인터뷰에서 많은 고객들은 가격이 비싸면 서비스도 좋아야 한다고 생각하고 있음을 엿볼 수 있다. 고객들은 귀한 돈을 지불했기 때문에 서비스기업도 양질의 서비스를 제공하여야 한다.

〈표 2-3〉 서비스에 대한 고객의 기대

서비스 업종	고객	고객의 주요 기대 사항
자동차수리업	일반고객	• 단 한번 고쳐 달라. • 그 부품이 필요한 이유를 설명해 달라. • 나를 고객으로 대우해 달라.
자동차보험업	일반고객	• 변경된 보험업을 제공해 달라. • 나의 손해배상청구를 범인처럼 취급하지마라. • 일이 잘못처리 되었을 때 피해를 주지 말라. • 사건 발생 시 재산을 보호해 달라. • 손해배상 청구를 빨리 처리해 달라.
호텔업	일반고객	• 방을 깨끗이 처리해 달라. • 방이 안전하도록 열쇠와 문구멍을 만들어 달라. • 약속된 방을 준비해 달라. • 손님다운 대접을 해달라.
손해보험업	법인고객	• 계약대로 지불하라. • 보험회사가 나의 회사를 알기를 원한다. • 손실이 나지 않게 위험으로부터 보장해 달라. • 손해배상 처리를 신속히 해 달라.
사무기기수리업	법인고객	• 고객요구에 신속한 반응을 해 달라. • 매뉴얼을 보고 그 내용을 알 수 있어야 한다. • 모든 부품을 항시 보유하고 있어야 한다.
트럭과 트랙터 대여 및 리스업	법인고객	• 장비는 언제나 가동할 수 있어야 한다. • 고객이 필요할 때 빌려줄 수 있어야 한다. • 복잡한 서류절차 및 골치 아픈 요구를 하지 말라.

③ 서비스과정은 고객의 기대를 뛰어 넘는 열쇠이다.

고객의 서비스 기대는 5가지 품질특성을 볼 수 있는데, 즉 신뢰성, 유형성, 반응성, 확신성 및 감정이입이다. 이는 앞서 나온 서비스 품질의 10가지 특성을 5가지로 집약한 것이다.

서비스의 과정을 어떻게 진행하느냐에 따라 고객의 느끼는 만족과 기대는 다를 수 있다. 예를 들면 호텔에서 고객을 위하여 방을 예약하고 준비를 해놓은 것만으로는 고객의 기대를 충족시킬 수가 없으나 과정의 차원에서 신속하며, 우아하고, 예의 바르고, 능력 있고, 약속을 지키고, 고객을 이해하는 등의 서비스로 고객을 감동시킬 때 기회가 있게 되며 고객들이 기대한 이상의 서비스를 제공할 수 있게 된다. 따라서 서비스의 제공과정은 서비스기업이 고객의 기대이상으로 행동할 수 있는 기회를 부여할 수 있다고 본다.

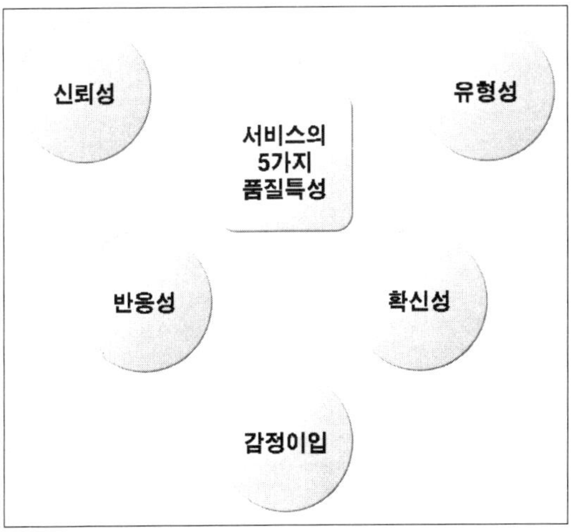

[그림 2-3] 서비스의 품질특성

〈표 2-4〉 서비스 품질의 특성 집약

서비스 품질 10가지 특성	품질특성 5가지 집약	정의
유형성	유형성	물리적 시설, 장비, 직원, 커뮤니케이션 자료 등
신뢰성	신뢰성	약속한 서비스를 믿을 수 있고 정확하게 수행할 수 있는 능력
반응성	반응성	고객을 돕고 신속한 서비스를 제공하려는 태세
능력	확신성	직원의 지식, 예절, 신뢰와 자신감을 전달하는 능력
예의		
신용도		
안전성		
접근성	감정이입	회사가 고객에게 제공하는 개별적 배려와 관심
의사소통		
고객의 이해		

④ 고객의 서비스 기대는 두 가지 준수가 있다.

서비스품질에 대한 고객의 기대는 '허용수준'과 바람직한 수준으로 존재한다.

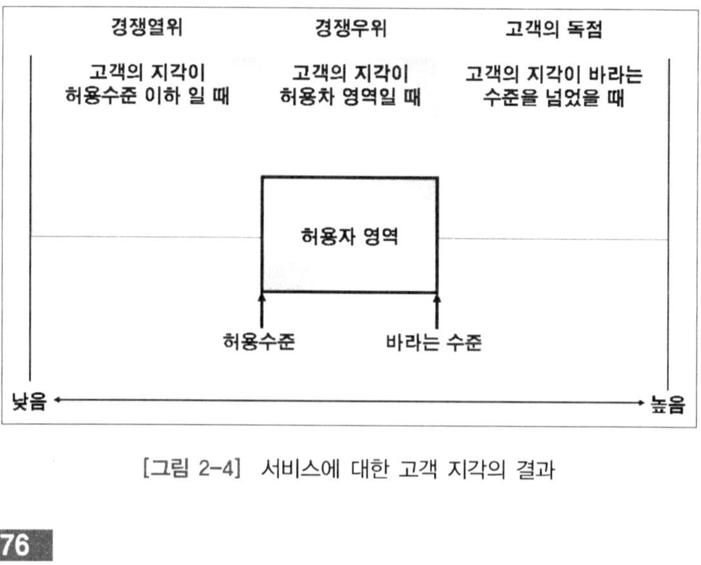

[그림 2-4] 서비스에 대한 고객 지각의 결과

- 허용수준은 고객이 받아들일 수 있는 최저한의 서비스 수준.
- 바람직한 서비스 수준은 고객이 제공받기를 원하는 수준.

고객이 바라는 서비스 수준과 허용 서비스수준과의 차이인 허용차영역은 신뢰성과 유형성, 반응성, 확신성, 감정이입에서 차이가 있다. 그 이유는 각각 고객에 따라 다르고 동일한 고객이라도 상황에 따라 다르기 때문이다.

위의 그림에서 보듯이 제공한 서비스에 대한 고객의 지각수준이 기대수준보다 높으면 경쟁우위 내지 고객독점상태에서 기업을 운영할 수 있지만, 반대의 경우에는 경쟁열위를 면하기 어렵다.

2.1.2 서비스품질의 관리

(1) 서비스품질관리의 도입실태

인터넷 대란, 지하철 화재사고, 신용카드 불실 등 최근 발생한 대형 서비스사고에서 볼 수 있는 것처럼 우리 서비스산업의 문제점도 많지만, 90년대 중반이후 고객만족활동을 비롯한 서비스품질경영으로 서비스 품질이 향상되고 있음을 본다.

2003년 국재 기업과 공공기관에 관한 국가고객만족도를 조사한 결과, 평균 점수 68.1점을 기록, 미국 고객만족도 점수인 73.8점에 많이 근접한 것으로 보도되었다.

(2) 서비스 품질관리의 단계

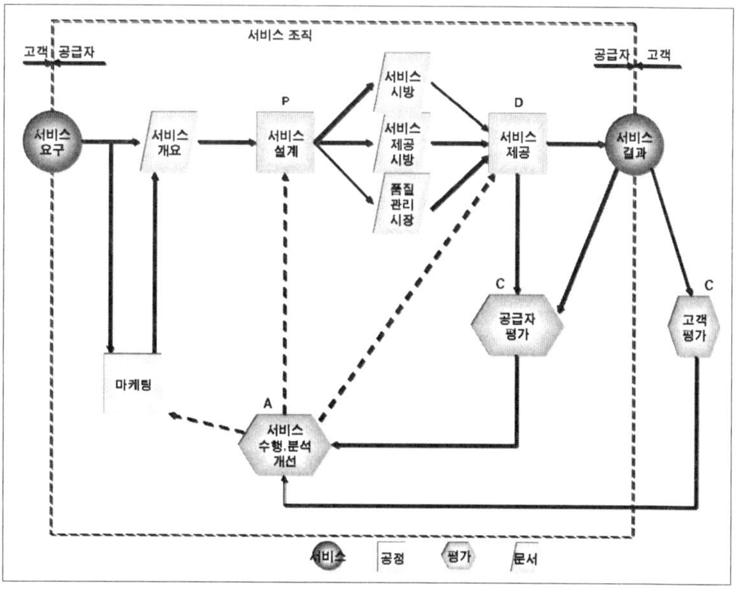

[그림 2-5] 서비스품질의 관리루프

서비스의 품질관리는 서비스의 설계 및 기준(plan), 서비스의 제공(do), 서비스의 평가(check), 서비스의 개선(action)의 PDCA단계로 추진된다.

① 서비스의 설계, 준비단계

고객이 요구하는 서비스를 설계, 계획하는 준비단계이다. 서비스업에서는 서비스의 무형성으로 설계개념이 막연하게 느껴지기 쉽다. 그럼으로 서비스가 사전에 계획되지 않을 경우 품질문제가 발생하기 쉽다. 따라서 사전에 고객만족을 결정하는 서비스품질 요소들을 전체적으로 고려하여 서비스를 설계하는 것이 서비스품질관리의 출발점이 된다.

– 하나은행의 성공 –

창업 1년 만에 흑자를 기록하고 중형은행으로 발돋움한 「하나은행」의 성공은 금융업계의 하나의 화젯거리가 되고 있는데, 이는 고객만족을 위해서 치밀하게 계획한 서비스설계가 이룩한 결과라고 할 수 있다. 즉, 신속한 업무처리를 특징으로 하는 단자회사의 영업스타일을 은행 업무에 접목시켜 서비스를 디자인 함으로써 신속한 서비스 제공이 가능하도록 한데 성공의 열쇠가 있다.

② 서비스의 제공단계

서비스제공과정은 서비스의 설계·시방·제공방법·환경·서비스제공자의 마음가짐과 행동에 의해서 상당히 좌우되지만, 자연환경이나 분위기에 의해서도 많은 영향을 받는다.

서비스의 제공과정에서 서비스의 품질을 크게 좌우하는 요소는 제공 당사자인 제공자라 할 수 있다. 서비스제공시점의 종사자의 심신상태 즉 당사자 상황에 따라서 고객에 제공되는 서비스의 품질은 다를 수 있는 다는 것이다.

③ 서비스의 평가단계

서비스의 평가는 대별해서 고객에 의한 평가와 공급자 측의 평가로 나눌 수 있다. 고객이 평가하는 것은 그가 제공받은 서비스 기능 및 제공방법을 포함한 서비스제공과정에 대한 것으로, 후일 특정서비스를 종합적으로 평가할 때 쓰인다.

업종에 따라 다르긴 하지만 일반적으로 서비스제공과정의 평가는 제공자의 평가에 앞서서 행하여진다. 가령 점심식사를 하려고 음식점에 들어간 손님이 종업원의 불결한 손을 보고 나와 버린 경우, 화장품을 사려고 양품점에 들어간 손님이 종사원과 다른 고객이 언쟁을 하는 것을 보고 다른 양품점으로 가는 경우이다.

서비스 제공자들은 이러한 불만사항들을 빠르게 접수하여 신속·정확하게 개선해 나아가야 한다.

고객들은 불만사항을 제공자에게 건의하고, 제공자는 이를 신속히 개선 해야 한다.

④ 서비스의 개선단계

서비스과정의 운영의 평가와 서비스수행실적을 분석하여 지속적 개선이 전개되어야 한다. 이는 고객서비스 품질 평가와 공급자 측의 평가정보가 긴요한 것으로 결국 이들 정보의 수집을 위한 확립과 운영이 필요하다.

고객의 서비스 품질평가와 공급자측의 평가정보가 긴요히 연결되어 정확한 정보를 수집하여 확립 후, 지속적으로 개선해 나아가야 한다.

(3) 서비스품질관리의 요건

서비스품질관리의 성패에 관건이 되는 것은 고객의 요구사항과 제공된 서비스 내용과의 일치여부이다. 즉, 고객의 요구사항과의 불일치의 문제이다. 고객이 요구하는 서비스품질관리에서 특별히 다루어야 할 사항을 열거하면 다음과 같다.

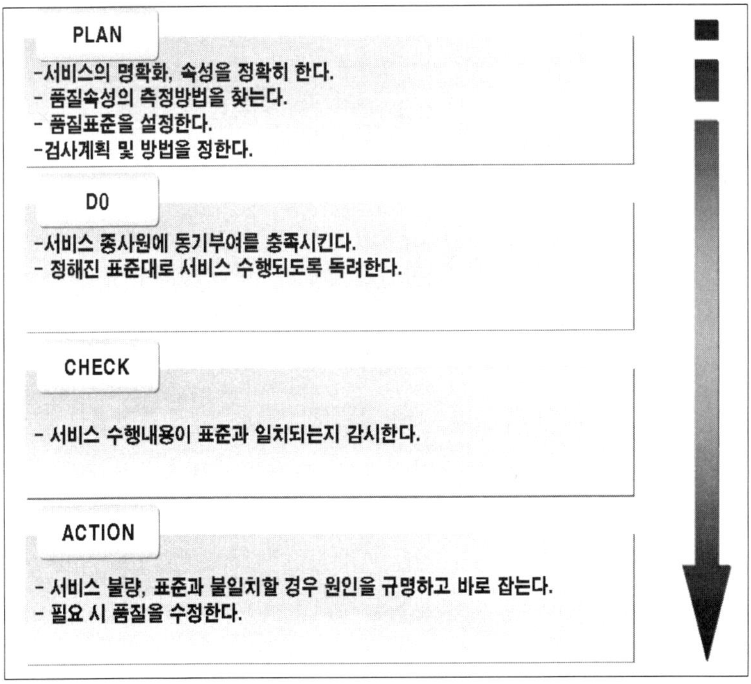

[그림 2-6] 서비스품질관리의 PDCA 과정

① 서비스는 보이지 않으므로 이를 구체화 시켜야 한다.

서비스 표준을 정하던가, 서비스 내용을 유형화하는 것 등이다. 이를 구체화하며 수집된 데이터를 통해 합리적인 해결책을 얻을 수 있다.

② 서비스 품질은 요구사항과 일치하도록 설계하고 관리한다.

서비스품질을 설계하고 관리하는 과정의 핵심은 PDCA 사이클을 통하여 서비스품질관리하고 계획 및 통제하는 것이다.

(4) 서비스품질관리 문제의 접근

서비스산업에서의 문제점은 데어터 수집의 곤란성, 서비스제공자의 육성·개발 곤란성, 개성 있는 고객 이해의 곤란성으로 집약된다.

서비스산업에서 서비스의 품질을 올바로 측정하기란 여간 어려운 것이 아니다. 사람을 상대하는 일은 부분문제가 다양하고 매우 복잡하여, 서비스결과에 대한 고객의 반응은 그의 지식, 정보, 경험, 기업이미지에 따라서 천차만별이고 서비스에 대한 고객의 만족도 측정도 만만치 않다.

서비스산업의 품질관리는 데이터수집이 쉽지는 않지만, 실제로 제공되는 서비스의 종류별, 제공방법별, 서비스제공과정별로 관련 자료들을 분류하고 층별 하여 서비스를 유형화하고 객관화시켜야 한다.

- 고객의 요구를 수치로 객관화 한다. -

시카고 중심가에 위치한 메리오트호텔의 객실담당요원의 전화가 저녁이 되면 계속 걸려오는데, 특히 저녁 교대시간에는 전화 벨이 끊임없이 울려대지만, 전화는 한 대밖에 없어서 전화를 받으려고 뛰어다니는 바람에 일상적인 업무가 거의 마비될 정도이다.

이때 한 객실담당직원의 머리에 떠오른 해결책은 현 전화기의 반대편에 다른 전화를 한 대 더 설치해 줄 것을 요청하는 것이었다. 해결책에 관해 토의 도중, 다른 직원이 만약 고객들이 다리미와 다리미판을 요청하지 않는다면 전화기의 추가설치는 필요하지 않을 것이라는 의견을 제시하였다.

그래서 관련된 전화요청이 어느 정도인지 파악해 보도록 지시하였다. 객실 담당 요원들은 주제별로 전화문의를 분류해 본 다음에야 자신들의 생각이 틀렸다는 것을 알았다. 다리미와 다리미판에 대한 전화요청 건이 거의 90%선에 이른 것으로 판명되었다.

객실요원들은 그 해 예산내역서 가운데 객실목욕탕에 텔레비전 세트를 설치하기 위해 계획되어 있던 2만 달러의 항목을 발견하고 고객들의 객실 서비스 통화내용 기록부를 검토한 결과, 욕실용 텔레비전세트를 요청한 경우는 한 번도 없었다는 사실을 알게 되었다.

최종 결정은 투숙객이 원할 것이라고 추축되는 것을 제공하는 것보다는 그들이 확실히 워하는 것을 제공하는 것이 더 낫다는 것이었다.

위의 사례에서 배울 수 있는 교훈은 보이지 않는 서비스업무라도 평상시의 메모습관을 통하여 수집된 데이터를 층 별한 수치로 객관화할 수 있을 때, 합리적인 해결책을 얻을 가능성이 커진다는 점이다.

보이지 않는 고객의 요구를 메모, 정리하여 합리적인 의사결정을 내리자.

2.1.3 서비스품질의 개선

(1) 서비스품질의 현실

미국에서는 매년 평균 35%의 고객이 이탈하는데 이들 중 2/3는 고객서비스가 나쁘기 때문이다. 연구에 의하면 5%의 고객이탈 방지로서 얻는 효과는 이익의 100%증대와 맞먹는 성과라 한다.

이탈하는 고객 5%를 개선시킬 경우, 업종에 따라 최대 85%에서 최소 25%까지의 이익개선효과가 있는 것으로 나타났다.

〈표 2-5〉 서비스 불량률 5%개선에 따른 이익증대 효과

업종	이익증대 효과
자동차 서비스업	30%
금융업	85
신용카드업	75
신용보험업	25
보험중개업	50
유통업	45
오피스빌딩관리업	40
소프트웨어개발/판매	35

새로운 고객창출보다는 기존 고객을 이탈시키는 않는 것이 훨씬 경제적이고 비용이 적다.

고객의 이탈을 막는 주요 해결책은 서비스품질의 개선으로서, 고객이 지불한 가격과 비교해서 제공받은 서비스의 가치가 클 경우 고객충성심이 형성되어 매출 증대나 시장점유율 개선으로 이어진다.

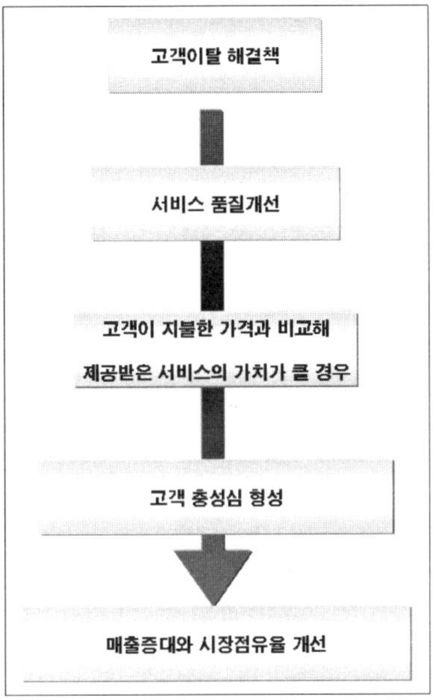

[그림 2-7] 서비스 품질개선의 효과

소비자들은 서비스 품질이 나쁜 이유로서 종사원의 '불량한 행위 및 태도', '느린 시간', '비싼 가격', '무관심', '결례', 등을 꼽았다.

〈표 2-6〉 소비자들이 본 서비스품질이 나쁜 이유

작업이 바르게 이행 안 됨	39%
서비스가 너무 느리다	30
너무 비싸다	20
종사원의 무관심	20
종사원의 능력부족	12
겨레와 무례함	10
불충분한 서비스	10
인원 부족	5
일정의 촉박	4
예약의 중복 또는 불이행	2
부적당한 음식제공	2
기타	11
합계	165%

요약

종업원의 태도불량	81%
시간이 너무 느림	30
가격이 지나치게 비쌈	20
기타	34

결국 서비스품질의 불량은 고객이 바라는 품질요구사항과 관련이 깊은 것으로 오류율, 시간, 코스트, 고객의 만족은 서비스품질의 개선의 주요 목표가 된다.

① 오류율

서비스 불량은 대부분 인간의 실수에 의해 일어난다. 이들 오류로 인한 실수들은 종업원, 관리자, 고객 등에 의해서 저질러 질수 있으며 발생범위는 매우 넓다.

② 시간

서비스 시간은 처리시간과 대기시간으로 구분되는데, 이들 시간의 단축은 서비스 품질개선과 밀접한 관계에 있다.

③ 비용

고객은 적은 비용으로 바람직한 서비스를 받기를 원하며 서비스의 제공자는 적절한 보수를 원한다. 즉, 고객의 만족과 기업이익이라는 양자의 목표가 충족되는 수준에서 서비스는 제공되고 받아들여져야 함으로 서비스품질은 비용과 깊은 관련이 있다.

④ 고객의 만족

궁극적으로 서비스는 고객의 만족이 추구되어야 하는데, 일차적으로 고객이 기대한 서비스품질과 제공되는 서비스품질과의 간격을 좁히거나 일치시킴이 관건이라 하겠다.

(2) 서비스품질의 개선요령

서비스 품질의 개선요령을 기술하면 다음과 같다.

① 서비스품질의 특징들을 파악한다.

서비스품질의 기대치나 만족도의 파악은 고객에 대한 설문이나 면접 등으로 파악할 수밖에 없다.

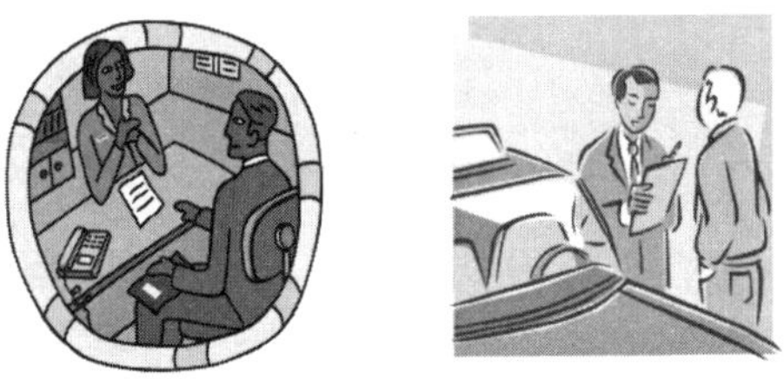

각 산업별 서비스에 대해서 고객과 상담, 설문, 면접을 통해 특성이 무엇인지를 파악한다.

이 경우 서비스별로 품질의 특징을 파악하여 대비하는 것도 하나의 방법이다. 예를 들면 고품질의 서비스로 유명한 스위스 항공은 고객서비스의 중심을 '신뢰성', '배려', '쾌적함', '기내식의 질' 네 가지를 두고 있다.

② 서비스품질은 사람 · 정보 · 물자 · 꾸밈새가 기본이다.

서비스품질이 서비스만으로 평가되는 경우는 드물며, 대부분은 사람, 물자, 꾸밈새와 연관되어 평가된다.

예를 들어 레스토랑의 서비스 품질은 '요리의 맛', '분위기', '서비스', '웨이터 매너', '요리사의 능력', 등과 관련이 깊다. 그러나 대부분의 서비스와 같이 고객을 위한 대인 서비스가 핵심을 이룰 경우에는 봉사자의 교육·훈련이 서비스개선의 열쇠가 된다.

서비스가 실행되는 과정에는
웨이터의 자세, 요리의 맛, 분위기 등 모든 것들이 영향을 미친다.

③ 고객의 요구품질을 파악한다.

서비스에 대한 고객의 요구나 기대를 파악함에 있어서 설문조사나 면접방법이 이용되는데, 이 경우 고객의 선정, 설문내용, 설문방법, 집계·분석 등에 세심한 주의를 기울여야 한다. 자칫 노력의 낭비가 있을 수 있으므로 이들 사항에 대해서 장기적인 검토와 수정이 있어야 한다.

④ 불가피한 경우 고객요구의 변환을 유도한다.

서비스제공과정에서 고객을 직접 관리한다는 것은 어려운 일로서 간접적인 수단에 의해 고객이 협력하는 방식을 연구할 필요가 있다.

예를 들어 레스토랑에서 준비한 특정 음식이 품절되었을 때, 다른 음식을 권유하는 방식은 간접관리의 예이다. 이와 같이 고객관리는 평상시에 비상시의 관리방식을 구분해서 대응

방법을 매뉴얼 화하여 전 종업원에게 숙지시키고 훈련을 할 필요가 있다.

예상치 못한 상황 발생 시 고객에게 간접적인 협력을 부탁하는 상황도 발생하게 된다.

⑤ 요구품질의 평가기준을 정한다.

서비스를 제공할 때, 어떤 서비스를 어느 정도로 수행할 것인가를 정해서 가급적 이에 따라 서비스를 수행 하도록 해야 한다.

품질의 평가기준이 없이 구성원 자의로 서비스를 제공할 경우, 서비스의 내용이나 수준이 구성원에 따라 차이가 있게 되어 서비스의 개선은 고사하고 관리를 할 수 없다.

⑥ 고객의 만족도를 파악 · 평가 · 수정한다.

고객의 요구품질을 파악하여 이를 실현하려고 노력했으면 그 결과 고객이 만족하고 있는지를 파악하는 것도 긴요하다. 고객의 만족도는 면접, 앙케이트 등의 방법을 이용하여 파악하고, 서비스 관리에 신속히 반영하는 것도 중요하다.

⑦ 「서비스 매뉴얼」을 만들어 서비스를 표준화한다.

'무엇을 서비스 하는가', '어떻게 하는가', '어느 정도로 하는가' 등 서비스 매뉴얼을 작성한다. 물론 매뉴얼의 작성에 어느 정도의 비용과 노력이 소요될 것이지만 그 성과는 이보다 훨씬 크다고 본다.

〈표 2-7〉 병원 품질관리시스템 관리 포인트

관리대상	주요검토사항	불량의 결과	검사 및 관리방법
접수	환자이력의 정확한 기입	부정당한 진료 환자의 불만	환자의 이력 전산화
요금청구	정당한 청구액 의료보험청구내용	과징금, 미수금 손실	치료 및 처치기록 의료보험관계
외래환자	시설의 이용정도 의사의 진료내용	환자의 장시간 대기 영업 손실	환자 대기시간 검토 의사 진료시간 검토
각종검사	검사의 정확 검사결과 판독	오진 및 불만	검사결과의 샘플링 기기 점검
약국	처방내용 정확 내용물, 구분 표시	부작용 및 불만 손해배상	처방과 조제내용확인 이상처방 조회
수술실	무균상태유지	소송제기 및 손해배상	수술환자의 상태확인 철저한 수술준비
간호 및 양호	차트에 충실한 작성 정시에 올바른 투약	치료기간 연장 환자의 불만	사고기록의 일일 점검
음식물 서비스	식품의 품질과 조리 환자에게 맞는 식품	환자의 만족 병원의 이미지	영양사의 식품검사 환자의 의견청취
청소	청결	세균오염	감독의 순시 점검
세탁	청결	세균오염	감독의 세탁물 점검
의료진	능력, 경험, 올바른 진단, 바람직한 진료	과실에 의한 소송 환자의 생명 위험	병리 보고에 관한 차트점검
중앙 보급품	시트, 수술도구 등 보급품의 멸균	처치지연, 부적당한 진료처치, 오염	소독필 표시 유효기간 표시

⑧ 구성원의 교육 · 훈련으로 고객만족을 추구한다.

구성원들은 각자가 정성과 열의를 다하여 서비스할 수 있도록 먼저 그들의 마음을 열어야 한다. 그 다음에는 합리적이고 능률적으로 서비스를 수행할 수 있도록 끊임없이 교육·훈련하여 항상 고객이 만족하도록 노력해야 한다.

서비스 품질관리에서 가장 중요한 것은 고객에 대한 구성원들의 마음가짐과 고객기대에 부응하고 그들이 감동하게 하는 혼신의 노력이라 할 수 있다.

품질개선은 고객만족으로 직결된다. 끊임없이 훈련하고 노력하라.

(3) 종업원과 고객 만족의 연결고리

① 고객충성도와 수익성 증대

— 고객충성도 향상에 주력하는 사우스웨스트항공 —

사우스웨스트항공이 24년 이상 지속적으로 이익을 낸 미국 유일의 항공사라는 신기록 수립에 고객충성도가 큰 공헌을 했다. 다른 경쟁 항공사가 실시하고 있는 지정좌석제나 기내식사보다는 신뢰성 있는 서비스, 거점을 통하지 않고 비교적 짧은 항로를 자주 출항하고 정시에 도착하는 서비스, 저렴한 요금에 친절한 종업원들이 제공하는 서비스 등 고객충성도를 높이는 일에 주력했다.

서비스업의 수익성은 시장점유율보다는 고객충성도라는 결론에 도달했다. 5%의 고객충성도는 25~85%의 을 보여준다.

② 고객만족과 서비스 가치

고객들은 가치 지향적이어서, 그가 지불하는 가격이상의 서비스 품질과 결과를 기대한다.

③ 서비스 가치와 종업원 생산성

사우스웨스트항공의 직원들은 필요시 다양한 직무를 수행한다. 조종사의 경우 출발이 늦어질 경우 수하물 처리를 거들어 준다. 이런 유연성은 비행 일정, 노선, 무 좌석제 등과 어우러져 경쟁사에 비해 승객처리건수가 3배정도 높다.

④ 종업원 생산성과 충성도

서비스업에서 종업원 이직으로 인한 손실은 고용 및 훈련비용 외에 생산성 저하와 고객 불만 등으로 나타난다.

고객들의 요구에 민감하고 전문지식이 있는 종업원은 타고나는 것이 아니라 시간을 두고 개발되는 것이라는 인식아래 우량 서비스기업은 일선 종업원의 이직률을 낮추는 데 심혈을 기울인다.

⑤ 종업원의 충성도와 만족도

일반적으로 만족도가 낮은 종업원의 이직률이 높은데, 이직으로 인한 생산성 저하손실을 고려해 볼 때 회사는 종업원의 만족도를 높이기 위해 힘써야 한다.

⑥ 종업원 만족과 업무활동의 내부 품질

업무환경에서 내부 품질은 종업원 만족도의 가장 중요한 요소이다. 서비스업에서 일선 종업원이 자기 일에서 가장 가치를 두는 것은 무엇인가? 고객을 위해 결과물을 생산할 수 있는 능력과 권한, 즉 업무역량이라는 것이 밝혀졌다.

내부품질은 종업원들이 회사 내에 있는 내부의 고객을 파악하고, 고객이 필요로 하는 것을 인식하고, 서비스 개선을 이루는 원동력이다. 그래서 사우스웨스트항공은 기초 교육과정에서 종업원의 팀워크를 강조한다.

종업원 만족에서 부인할 수 없는 중요한 요인은 바로 충분한 보상과 대우이다. 이것은 기업의 성과와 바로 직결되는 중요한 요인이다.

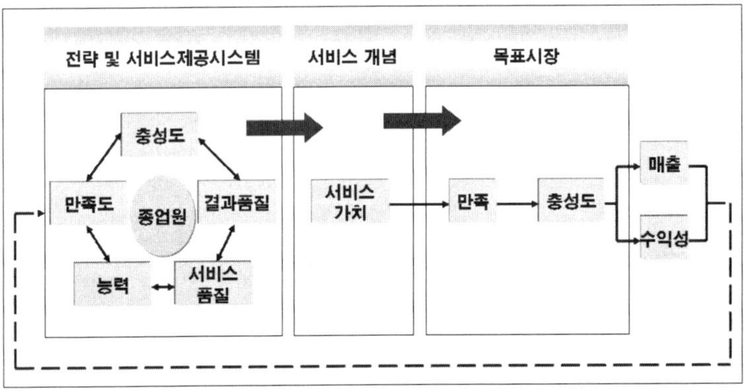

[그림 2-8] 서비스-이익의 순환

2.2 사무부문의 품질관리

2.2.1 사무 및 업무의 본질적 이해

흔히 사무라 할 때, 서류나 문서작성과 같은 사무실에서 행하는 1차적 사무만 생각하기 쉽다. 이른바 화이트칼라의 활동은 대부분 사무영역에서 이루어지는 것으로, 컴퓨터를 다루는 설계사의 업무

라든가, 병원에서 간호사가 행하는 검진기록 작성 및 유지 업무 등에 의한 업무연락 및 의사소통, 그리고 회계사의 보고서 작성 등도 모두 사무업무이다.

– 온라인 예금의 정정오류 개선 –

C은행의 J지점은 다른 지점에 비해 온라인 예금정정건수가 3배나 높았다. 이에 품질관리(QC)서클이 중심이 되어 정정원인을 추구한 결과, 경력 1년 미만의 행원들에게 오류의 발생빈도가 높았으며, 오류의 2/3은 조작자의 정신자세와 관련이 있었고, 전표상 지점 구분이 잘 안 되는 것도 오류의 원인이 되는 것으로 나타났다.

그래서 경력이 짧은 행원에 대해 우선적으로 연수를 실시하고, 책임한계를 명확히 하고자 「책임자카드 기록부」에 정정사유를 기록하는 란은 두어 업무수행자가 주의와 관심을 기울이도록 하면서, 관리자의 확인 결재와 지점 구분이 잘되도록 양식을 개정한 결과, 정정률은 종전의 반으로 감소되었다.

(2) 사무오류의 원인

기업에 따라 사무작업은 다소 차이가 있을지 모르나, 은행·증권·회사·보험회사의 경우 수많은 고객을 상대로 거래가 비번하게 이루어지므로 대량의 사무처리가 행해지는 과정에서 크고 작은 오류가 발생되기 쉽다.

사무품질의 오류원인에는 여러 가지 요인이 작용한다.

사무나 업무에 종사하는 구성원이 사무 상의 과오나 오류를 범하는 경우는 대개 업무내용의 몰이해, 실수, 시스템 오류에 의한 것이 대부분이다.

① 업무내용의 몰이해

사실 많은 사무오류 중에는 업무 수행자가 업무를 제대로 몰라서 오류가 발생하는 경우가 많다.

이 경우 업무담당자에 대한 교육·훈련, 관리자의 적극적인 감독 그리고 구성원의 동기부여가 필요하다.

업무수행자를 위해 회사는 연수 및 교육을 하여 업무의 이해를 높여야 한다.

② 사무 담당자의 실수

사무실에서의 과오는 주의를 게을리 하거나 부주의시 흔히 발생하는데, 이 경우 사무수행자가 주의를 집중시키는 것이 중요하며, 관리자는 구성원의 주의를 환기시키면서 관리와 감독을 적절히 할 필요가 있다.

③ 시스템 오류

흔히 이해할 수 있는 시스템의 오류에 대해서는 조직적으로 대비하고 관련자의 도움을 받을 필요가 있다.

시스템 오류는 사무기기, 프로그램 등의 복합요인에 의해서 불규칙적으로 발생하므로 사무담당자 단독으로 이를 제거하기는 어렵다.

업무 중에 딴 생각을 하는 등, 안일한 자세는 실수를 불러온다.

(2) 사무품질의 주요 관리지표

사무품질의 주요 목표로 오류율·소요시간·비용·고객의 만족을 꼽을 수 있는데, 사무 품질관리에서 이들은 주요 관리지표가 된다. 따라서 사무나 업무품질의 문제들을 효과적으로 인식하고 해결책을 모색할 때에는 다음 사항들을 중심으로 추구할 필요가 있다.

① 오류율을 줄일 것.
② 유휴시간이 긴 것.
③ 대기와 지연시간이 많거나 긴 것.
④ 오류가 집단으로 발생하는 것.
⑤ 기본적인 절차에 어긋난 것
⑥ 사무기기의 고장률이 높은 것.
⑦ 코스트가 높은 것.
⑧ 고객 불만이 많은 것.
⑨ 부정이나 불법 활동의 발생.

2.2.2 사무부문 품질관리의 전개

기본적으로 사무품질관리의 활동은 PDCA사이클을 따라 전개되는 데, 사무품질관리에서도 예외 없이 이에 따라 전개된다. 사무나 업무에서 발생하는 오류는 주로 인간에 의한 것으로, 이들 오류는 구성원· 경영자· 고객 등에 의해서 저질러 질 수 있기 때문에 인간오류의 발생범위는 매우 넓다. 그리고 사무품질관리는 인간의 업무수행 품질에 중점을 두어야 한다.

그러기 위해서는 먼저 업무수행자로 하여금 업무를 올바르게 행하는 교육·훈련과, 업무를 자율적으로 수행하는 구성원의 동기부여, 올바른 수행과정을 제시하는 절차의 문서화, 그리고 업무를 신속·정확하게 이루는 수단인 사무도구가 뒷받침되어야 한다.

[그림 2-9] 사무부문 품질관리의 전개

(1) 일을 바르게 행하는 교육

무엇보다 가장 중요한 것은 훈련 매뉴얼을 기록하여 노하우를 전수. 표준절차를 만들어 후임에게 전수하는 것이다.

교육훈련은 강의실이나 특정 장소에서 집단으로 행할 수도 있지만, 사무실에서 일을 수행하는 과정에서 OJT로 행한다. 가령 선임자가 컴퓨터처리 업무를 이해한 다음 후임자에게 다시 가르치는 방법이다. 그리고 교육·훈련은 매뉴얼이나 표준절차에 따라 실시되고 그대로 지켜져야 한다.

(2) 수행업무에 대한 긍지부여

일에 대해 보람과 긍지를 느끼게 하는 동기부여가 절실히 필요하다. 이와 같은 여건조성에는 무엇보다 경영자나 관리자의 높은 관심과 적극적인 지원이 필요하다.

상위자의 임무는 부하를 코치하는 것임에도 많은 경영자나 관리자들은 목표달성이나 부하의 잘못에 대해 체크하는 데만 신경을 쓰고 있다.

구성원의 관심집중과 동기부여를 높이에 있어, 제도적으로는 개인별 목표관리, 품질관리 분임조, 자율경영팀 등의 운영이 요구된다.

(3) 과정의 문서화

과거나 현재보다 개선된 업무를 미래에 수행하려면 과거나 현재의 문제점과 그 원인을 올바로 이해한 다음 개선안이나 계획이 제시되어야 한다. 그러기 위해선 우선 과거나 현재의 상태를 체계적으로 이해 정보, 구체적인 문서화된 정보가 필요하다.

합리적으로 개선된 업무에 대해서는 표준화하여 이를 그대로 이행하여야 하는데, 이 경우 문서화된 표준업무절차의 작성과 이의 준수가 필요하다.

(4) 사무기기의 효율적인 이용

사무를 신속·정확히 수행하려면 효과적인 사무수단이 사용되어야 한다. 그리고 이들 사무수단의 효율을 높이기 위해서는 간결한 장표와 사무기기의 올바른 사용이 필요하다. 아무리 성능이 좋은 컴퓨터라 해도 사용을 잘못하면 무용지물이 된다.

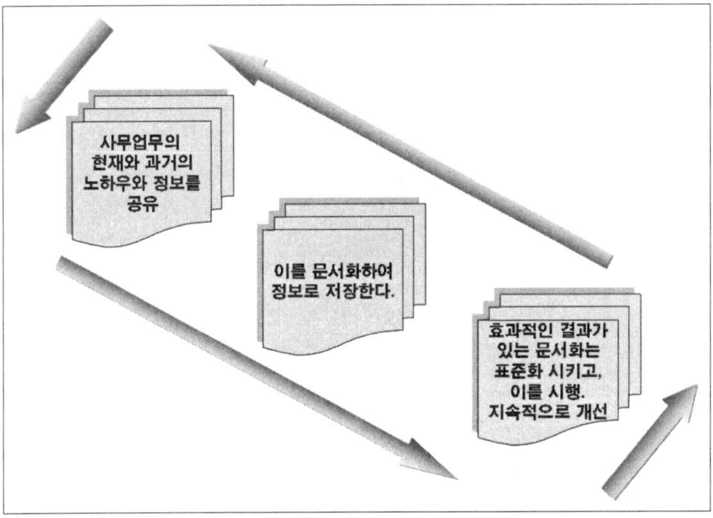

[그림 2-10] 문서화의 과정

사무품질관리의 기본사항들을 요약·제시하면 다음과 같다.

① 인간성을 존중한다.
② 인재교육을 중요시한다.
③ 전원이 참가한다.
④ 고객의 요구를 지향한다.
⑤ 후 공정을 고객과 같이 생각한다.
⑥ 중요한 사항에 대해 중점 지향한다.
⑦ 사실에 의한 관리를 한다.
⑧ PDCA 사이클로 관리·개선을 도모한다.
⑨ 과정의 관리를 중요시 한다.

⑩ 살아있는 표준과 시스템을 이룩한다.

⑪ 품질관리 수법을 이용한다.

⑫ 경영개선을 도모한다.

2.2.3 화이트칼라의 생산성 향상

– 지식경영으로 되살아난 이랜드 –

중견 의류업체「이랜드」가 평촌과 일산에 백화점 땅을 매입한 즈음, IMF 위기가 터져 자금난에 시달렸다. 하지만 외자유치로 자금난을 극복하고 2000년 지식경영을 도입하면서 한때 존폐위기에 처했던「이랜드」의 경영이 정상을 되찾고 제2의 전성기를 구가하고 있다.

8개 계열사의 2002년도 당기순이익은 약 1,300억 원으로 이의 10%는 사회복지 활동 등에 기부한다. 경영실적평가를 토대로 사업부에 따라 적게는 450%에서 많게는 1천 백%까지 평균 650%의 성과급을 지급했다.

「이랜드」는 사업 초기부터 매주 전 직원을 대상으로 한 경영이념, 직업정신 및 성과향상 등에 관한 강의를 통해 직원의 차여동기를 불러일으키

태도교육을 시행해 왔다.

1998년 이후 구조조정을 수행하는 과정에서 기업의 성장발전은 생산성 향상과 혁신에 있으며 이는 지식을 통해 가능하다는 것을 깨닫고 지식경영전략을 경영의 중심축에 두고 추진하였다. 특히 구조조정 이 후 자원의 효율적인 관리를 위한 새로운 전략과 체계적인 경영도구의 필요성을 절감하면서, 1999년 BSC(Balanced Score Card)시스템을 도입·구축하였다. BSC평가회와 같은 피드백활동은 직원들에게 보다 성과지향적인 태도를 요구하게 됐고 측정지표에 의한 피드백이 이루어지면서 개인 업무에 대한 명확한 책임소재 파악이 이루어지게 됐다. 평가회를 통한 분석과 평가 과정을 반복하면서 직원들의 사고와 업무 프로세스도 시스템적으로 변하게 되었다.

화이트 칼라(WHITE COLLAR)는 사무요원을 말하는 것으로 지식집약적 요원이라 불리 운다. 이들은 관리직(경영자와 관리자), 기술직(개발 및 설계·생산·시스템 기술자), 전문직(세무·회계·영업·구매·기획 담당), 사무직 등이 포함되는 데 기업에서 이들의 역할은 매우 막중하다.

사무활동이나 업무활동의 낭비가 많고 이들 활동의 측정·평가가 어려운 것은 제조활동과는 달리 사무는 산출결과 외에는 투입이나 변환과정을 눈으로 확인하기 어렵다. 그리고 화이트칼라의 노동성과는 기업성과로 직접 산출되기도 하지만 일정기간 축척되어 후일에 산출되기도 한다. 그리고 화이트칼라는 블루칼라 생산성에 직접·간접으로 작용하며 이들 블루칼라와 상호작용하여 기업의 생산성을 높인다.

지식집약적 요원인 화이트칼라의 생산성에 있어서 긴요한 요소는 본원적 요소인 인간능력, 인간능력의 강화요소인, 지적장비, 시스템, 관리, 조직의 환경요소로서의 조직풍토를 꼽을 수 있다.

인간능력	경영자, 관리자, 기술자 등 사무직 지식과 능력이 중심이 된다.
지적 장비	사무 및 정보장비, 사무실 환경, 교육 및 업무경험
시스템	조직과 정보시스템을 비롯하여 기업의 모든 것을 관리
조직 풍토	구성원 및 경영자의 가치관이나 행동습관

[그림 2-11] 화이트칼라 생산성의 본원적 요인

이랜드를 되살린 것은 지식경영을 원동력으로 하는 경영혁신운동이라 할 수 있다. 즉 사업 초기부터 경영이념을 비롯한 가치관 확립, 동기부여 및 경영개선에 대한 교육을 꾸준히 실시한 결과, 화이트 칼라 생산성의 본질적 요소인 구성원들의 인간능력 강화와 어려움 속에서도 협동 봉사하는 풍토가 구축될 수 있었다. 여기에 구조조정을 계기로 BSC시스템을 도입·구축하고 지식경영 전략을 중심축에 두고 경영혁신운동을 전개한 것이다.

경영혁신운동이 실시된 이후 가장 큰 변화는 조직의 비전과 전략에 대한 합리적인 합의도출과정이 정규화 되었다는 점이다. 아울러 전략을 모든 구성원들에게 전달하고 팀과 개인이 목표와 연결시킬 수 있는 관리시스템을 갖추게 되었다. 죽음에 문턱에 이르렀던 이랜드는 이렇듯 화이트 칼라 생산성에 있어서 긴요한 본원적 요소들을 제대로 갖추어 결국 제2의 전성기를 맞이할 수 있게 되었다.

- 균형성과기록표 (BSC : Balanced Score Card) -

과거에는 성과에 대한 재무적인 측정지표를 통해서 미래성과를 창출하고 측정하였지만, 현재는 재무·고객·내부프로세스·학습과 성장 등 4분야로 구분하여 기업별 특성에 맞는 지표를 선정하고 각 지표별 가중치를 적용하여 산출하고, 그 기업을 재무뿐만이 아닌 다른 각도를 평가할 수 있는 지표이다.

03 인터넷과 품질경영

CHAPTER

>>>

- 인터넷을 통해 ERP 시스템의 이용 -

(KT, 경영지원 포함 통합 ERP 완전 개통)

KT(www.kt.co.kr)는 그 동안 개별시스템으로 운용돼 왔거나 수작업으로 수행해 왔던 재무, 부동산, 구매, 물류 및 공사/시설 분야를 전사적 자원관리(ERP)시스템으로 통합구축 완료하고 26일 경기도 분당 본사에서 개통식을 가졌다.

이번에 도입한 KT의 ERP 시스템은 약3만 8,000명이 사용하는 국내 최대 규모로 재무, 부동산, 구매, 물류, 공사/시설 등의 업무를 17개월 만에 통합 구축했으며, KT직원 외에 7,600여 개 이상의 KT협력업체도 구매 분야에서 인터넷을 통해 ERP을 이용 할 수 있게 됐다.

KT는 또 통신업계 최초로 ERP 시스템과 함께 공유서비스센터(SSC: Shared Services Center)를 도입, 조직과 업무 프로세스를 정비하고 전국에 산재한 기관에서 따로 수행해 왔던 회계, 물류 및 부동산 등의 지원성 업무를 한 곳에서 집중해서 처리 할 수 있도록 했다.

이에 따라 전국 기관별로 추진하던 관련 업무가 각각 회계센터, 자산관리센터, 물류센터로 통합해 인력 및 업무 처리의 효율성을 동시에 기할 수 있게 했다.

이번 통합 ERP 개통과 SSC 구축으로 KT는 향후 5년간 2,700억 원 이상의 경제적 가치를 거둘 수 있을 것으로 예상된다.

3.1 전자품질경영(e-QM)

3.1.1 인터넷과 전자품질경영의 의의

오늘날 인터넷이 가져오고 있는 변화는 18세기의 산업혁명에 버금가는 거대한 패러다임의 이동으로 발전하고 있다. 초우량 기업들은 인터넷을 이미 기업의 정보전달 도구, 거래수단 등으로만 보지 않고 기업의 내부 프로세스를 혁신 할 수 있는 경영혁신 도구 전략적 우위를 가져올 수 있는 경영혁신 도구, 전략적 우위를 가져올 수 있는 핵심 정보기술로 판단하고 있다.

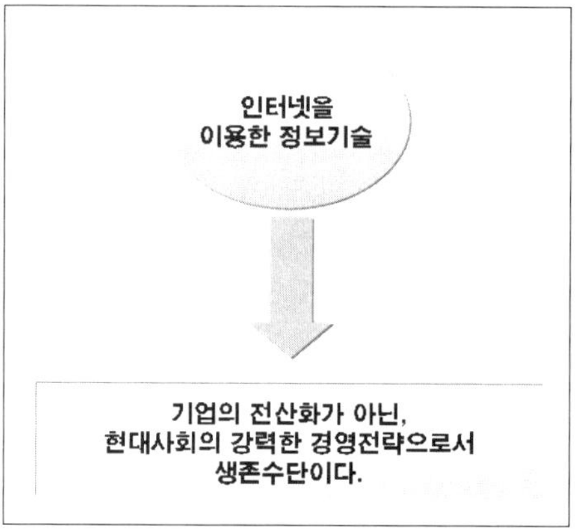

[그림 3-1] 인터넷이 미치는 경영환경

특히 최근 들어서는 전자상거래, e-비지니스 등이 경영 패러다임을 주도하는 추세에 있으며 종전의 전통적인 시장구조를 급속히 해체하여 재편성하는 과정에 있다. 이런 관점에서 새로운 경영 패러다임의 변화에 품질경영이 어떻게 대응하고 효과적으로 활용할 것인가를 알아보는 것은 대단히 필요하고 의의 있는 일이라고

할 수 있다.

e-비지니스란 인터넷/전자상거래를 통해 기업의 경쟁력을 향상시키고자 하는 노력이며 상거래 관점에서의 내부 경영혁신 관점에서의 e-QM으로 볼 수 있다. e-QM이란 (e-품질경영)이란 인터넷 등의 정보기술을 활용하여 기업경영 활동을 적극적이고 보다 효율적으로 활성화하려는 노력을 의미한다.

e-QM에는 기능별 분류에 의해 e-고객관리(e-CRM), e-공급사슬관리(e-SCM), 인터넷 마케팅/광고 등을 들 수 있다.

e-QM
(e-품질경영)

quality management
인터넷 등의 정보기술을 이용하여 기업경영 활동을 적극적이고 보다 효율적으로 활성화하려는 노력을 의미한다.

e-CRM
(e-고객관리)

customer relationship management
인터넷을 활용하여 개인화된 정보를 구축하고 개인의 요구와 취향에 맞는 상품이나 서비스를 제공 할 수 있다. 개별고객에 대한 정보를 이용하여, 구매를 추천하고 차별화된 혜택을 제공하는 것,
이것이 바로 e-CRM이다.

e-SCM
(e-공급사슬관리)

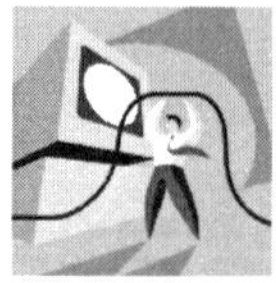

supply chain management
e-비즈니스의 발전에 따른 정보기술을 전략적으로 활용하여 원자재 조달, 생산, 배송, 판매 및 고객 관리 프로세스에서 일어나는 물류흐름과 이와 관련된 모든 활동을 통합적으로 관리하는 기법을 말하는데 인터넷을 기반으로 하여 실시간으로 신속하고 효율적으로 처리하는 것을 말한다.

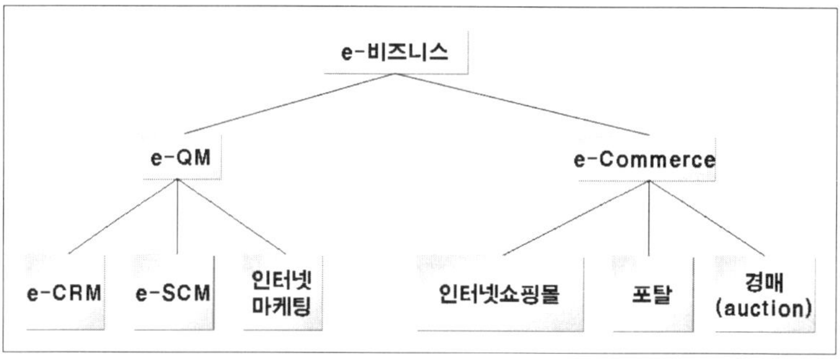

[그림 3-2] e-QM과 전자상거래의 구조

3.1.2 e-QM에서의 인터넷 활용방안

인터넷을 통한 정보의 흐름을 보면 기업과 소비자간 정보 흐름, 기업 간 정보 흐름, 그리고 기업내부 정보 흐름의 세 가지로 분류할 수 있다.

정보전달활동을 통한 가치창출 형태에 따라서는 정보의 일방향 전달, 양방향 교류, 양방향 거래, 내부 프로세스 개선 등의 네 가지 형태로 요약할 수 있다.

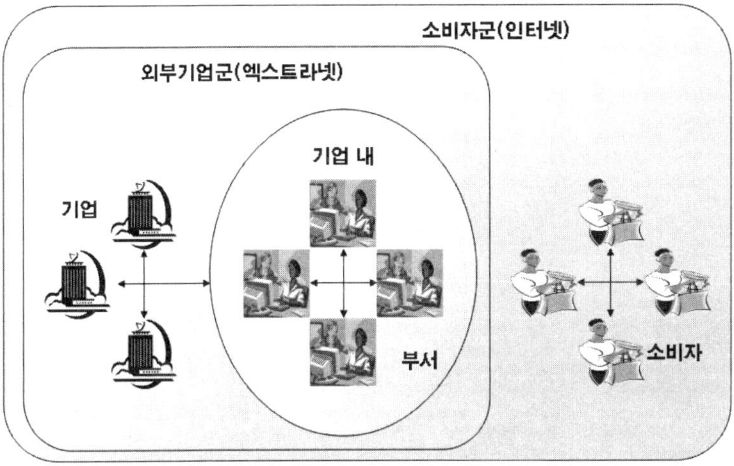

[그림 3-3] 정보기술을 통한 각 계층 간의 정보의 공유, 흐름

기업들은 인터넷을 이용할 경우 저렴한 이용요금으로 편리하게 세계 각지에 흩어진 지사를 연결, 정보를 교환할 수 있고 일반 소비자에게 제품관련 정보를 서비스하는 등 선택적인 정보제공 기회를 부여하고 있다.

많은 기업들은 경쟁적으로 인트라넷을 구축, 회사업무에 구축하기 시작하였다. 인터넷을 통하여 회사 내 각종 정보를 공유하고 각 직원, 부서 간의 자유로운 커뮤니케이션을 도모하는 것이다. 서류문서를 없애고 전자문서로 대체하고 있으며, 전 세계에 흩어져 있는 자사를 인터넷으로 묶어 가상정보망으로 이용하는 인트라넷을 구축하여 비즈니스프로세스를 혁신하고 있다.

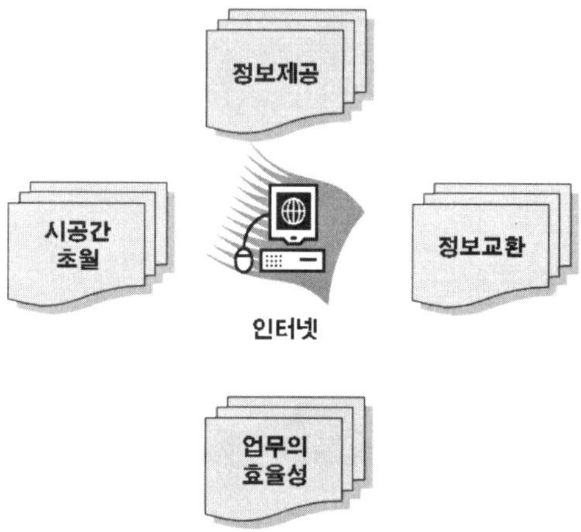

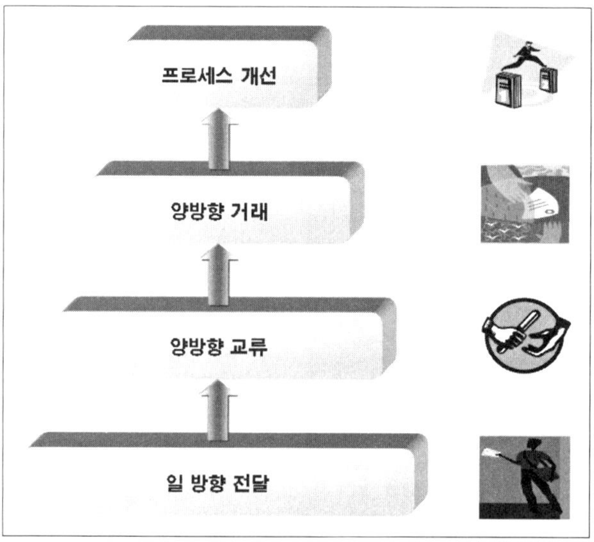

[그림 3-4] 기업의 인터넷 활용의 진화과정

- 인터넷 -

통신망과 통신망을 연동해 놓은 망의 집합을 의미하는 인터넷워크(internetwork)의 약어인 internet과 구별하기 위해 Internet 또는 INTERNET과 같이 고유명사로 표기한다. 랜(LAN) 등 소규모 통신망을 상호 접속하는 형태에서 점차 발전하여 현재는 전 세계를 망라하는 거대한 통신망의 집합체가 되었다.

인터넷에서 이용할 수 있는 서비스는 전자우편(e-mail), 원격 컴퓨터 연결(telnet), 파일 전송(FTP), 유즈넷 뉴스(Usenet News), 인터넷 정보 검색(Gopher), 인터넷 대화와 토론(IRC), 전자 게시판(BBS), 하이퍼텍스트 정보 열람(WWW:World Wide Web), 온라인 게임 등 다양하며 동화상이나 음성 데이터를 실시간으로 방송하는 서비스나 비디오 회의 등 새로운 서비스가 차례로 개발되어 이용 가능하게 되었다. 이와 같은 다양한 서비스와 풍부한 정보자원 때문에 인터넷을 정보의 바다라고 한다.

우리들이 일반적으로 가정에서 사용하는 정보통신을 '인터넷'이라 한다.

- 인트라넷 -

인트라넷(intranet)은 인터넷 관련기술과 통신규약을 이용하여 조직내부 업무를 통합하는 정보시스템을 말한다. 쉽게 말하면 지금까지 사용해 오던 각종 정보시스템을 인터넷을 이용하여 사용할 수 있도록 수정하여 재개발한 정보시스템을 의미한다.

인트라넷을 사용하게 되면 별도의 통신망을 구축하지 않더라도 세계 어느 곳에서도 자신이 속한 조직의 정보시스템을 사용할 수 있고, 거래관계가 있는 다른 조직과의 자료교환도 쉬워져 상호 정보를 공유할 수 있는 기회가 많아지게 된다.

기업 내 업무의 효율성과 정보시스템의 통합을 위해 사용되는 정보기술을 인트라넷이라고 한다.

– 엑스트라넷 –

인터넷 기술을 사용하여 공급자·고객·협력업체 사이의 인트라넷을 연결하는 협력적 네트워크이다.

인트라넷의 확장개념으로 고객 및 협력업체와의 관계 증진을 위해 기업의 내부 통신시스템인 인트라넷에 이들을 포함시킨 새로운 통신구조이다. 이 구조 아래서는 정보를 이용하는 사람과 정보를 창출하는 사람 사이에 거의 즉각적인 상호작용이 가능해, 반응을 리얼타임으로 입수할 수 있기 때문에 고객의 의견을 품질향상에 즉시 반영할 수 있고, 제품개발 속도를 가속화할 수 있다.

엑스트라넷은 기업 내, 기업의 공급자, 고객들까지 네트워크를 공유하여 실시간 기업을 지향하고, 제품개발 속도 및 기업의 경쟁력을 더욱더 강화 할 수 있다. 인트라넷의 확장 개념이다.

(1) e-QM의 분야별 활동방안

인터넷을 통한 품질경영은 어떠한 전략을 가지고 접근해야 할 것인가? 그리고 어떻게 활용해야 할 것인가? 한국품질경영상 모형은 다음 7개의 범주로 나누어 설명하고 있다.

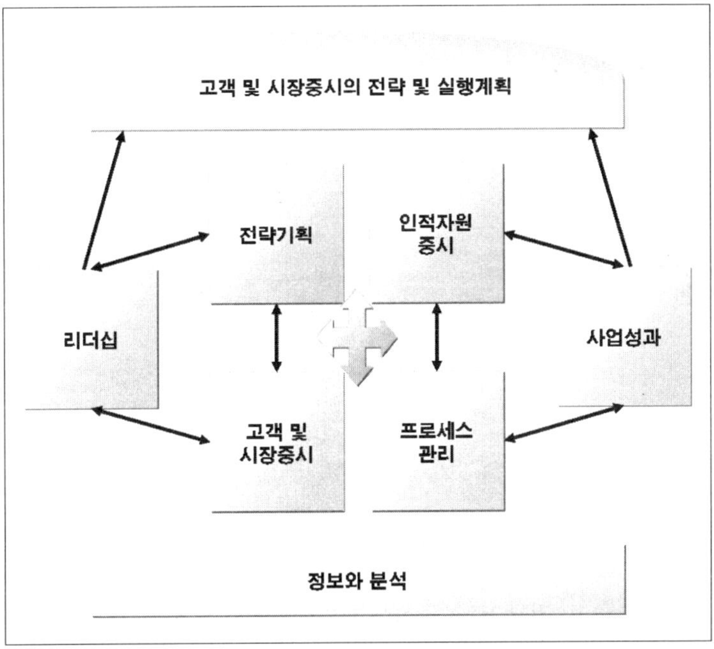

[그림 3-5] 한국의 국가품질상 모형과 심사범주

3.1.3 최고경영자의 리더십의 인터넷 활용

(1) 최고경영자의 리더십

최고경영자의 리더십 방향 및 조직성과의 검토는 조직을 평가하고 효과적으로 통제해 나가기 위한 중요한 항목이며, 경영품질의 방향을 선도하고, 지속적으로 관리해 나가기 위한 최고경영자의 적극적인 노력을 전제로 한다.

최고경영자의 의사는 인터넷을 통해 구성원들과 실시간 공유하고 지시 할 수 있다.

최고경영자의 리더십이 사내에 얼마나 빨리 전파되는가, 조직의 가치 및 목표와 전략 등을 전달하는 방법, 최고경영자의 위치와 임무 등이 주요 구성요소로 꼽을 수 있다. 이러한 최고 경영자의 의지는 최근 인터넷 인트라넷 등으로 통해 사내외에 실시간으로 전달하며, 전개하여 회사의 종업의 참여를 도모하고 있다.

기업은행, 동양화재, LG유통 등의 인터넷 홈페이지에는 최고경영자의 리더십 방향, 메시지, 업적, 칼럼 및 신문기사 등 파일형식으로 온라인에 형태로 공시하여 고객지향의 가치 및 방향을 고객에게 전달하고 전체 종업원들의 자부심을 유도하고 있다.

3.1.4 고객과 시장중심의 인터넷 활용

(1) 데이터베이스의 공개 서비스

현재, 인터넷을 이용한 전략적 활용방안으로 가장 많이 활용되고 있는 것 중의 하나가 인터넷 공개 데이터베이스 전략이다. 인터넷 공개데이터베이스 전략이란 기업 내부의 데이터베이스를 인터넷 기술과 연동시킴으로써 기업의 웹사이트를 통해 공개함으로써 쉽게 고객에게 실시간으로 자사의 정보를 제공하자는 것이다.

예를 들어 미국의 대표적인 운송업체인 패더럴 익스프레스사의 경우 화물추적에 관련된 실시간 데이터베이스 정보를 인터넷상에 올려 공개함으로써 관심 있는 고객의 접속을 유도하여 신속한 정보 서비스를 제공함과 더불어 정보검색 업무를 자사의 직원으로부터 고객의 업무로 전환하는 일석이조의 효과를 거두고 있다.

인터넷 데이터베이스를 통해 자사의 정보를 공개하고 고객들이 쉽게 접근하고, 또한 고객의 정보를 알 수 있어, 현대사회에서 무엇보다 중요한 고객의 요구를 알 수 있다.

그 결과로 1995년 9월 현재 월 168,000명의 고객이 웹을 통해 정보를 검색한 것으로 나타났으며, 그 숫자는 매월 30%정도 증가하고 있는 것으로 나타났다. 이것을 인원감소 비용효과로 산정할 경우 연간 3,000만 달러 정도의 인건비 감소효과를 나타낸다.

다음 [그림 3-6]은 미국의 대표적인 유통업체인 월마트 회사가 자사 판매 제품의 재고현황 데이터베이스를 하청업체에 공개하여 시기에 맞게 납품하게 함으로써 재고관리 업무를 자사에서 하청업체로 이전하는 효과를 얻는 것과 같은 것이다.

이러한 인터넷 공개 데이터베이스 전략의 사용은 택배업체뿐만 아니라 고객에게 실시간으로 정보를 제공하여야 하는 산업에 적합하다.

즉, 예약업무와 관련된 항공산업, 여행업, 증권업 등의 시자에 나와 있는 제품의 시황을 실시간으로 소개 할 수 있는 부동산 소개업 등에서 유용하게 사용할 수 있다.

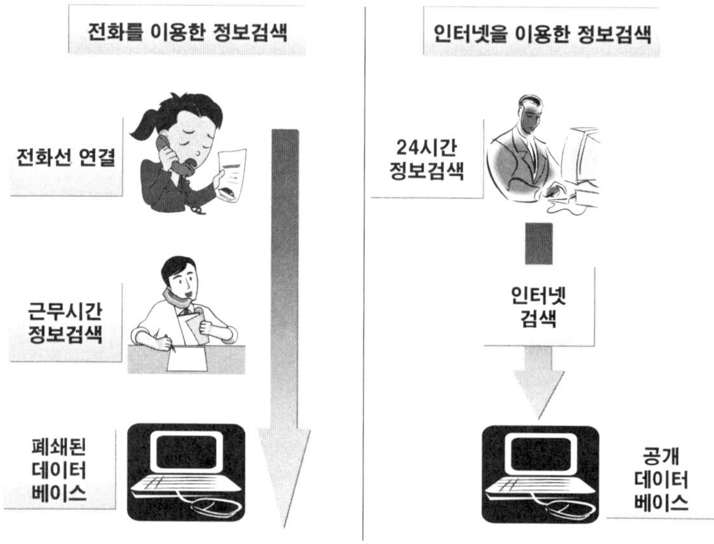

3.1.5 인적자원의 개발 및 관리에서의 인터넷 활용

(1) 사내 인트라넷 활용

회사 내의 지식경영시스템을 구축하기 위해 인터넷상으로 회사 안의 각종 정보를 공유하고 각 직원, 부서간의 자유로운 커뮤니케이션을 도모하는 것이다. 종이 문서를 없애고 전자문서로 대체하고, 전 세계에 흩어진 지사를 인터넷으로 묶어 가상정보망으로 이용하는 인트라넷을 구축, 비즈니스 프로세스까지도 혁신하고 있다.

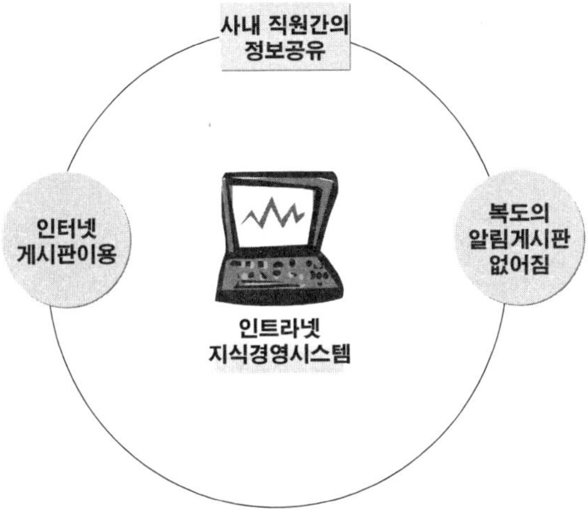

현대자동차에서는 사내 인트라넷의'전자게시판'을 이용하여 종업원의 사내결혼을 알리는 사이버 청첩장, 동료가 올린 글을 마우스로 누르면 간단한 연애기, 예비남편의 설명과 함께, 예식장으로 가는 교통편도이 있고 약도와 함께 나타난다. 또 직원이 인사발령 게시도 인트라넷을 통해 처리하고 있으며, 동호회 모임 안내, 사내 특별 할인판매, 신차정보, 신문기사 스크랩 등도 모두 인트라넷의 게시판을 통해 처리함으로써, 30~40대 샐러리맨에게 익숙한 복도의 '알림 게시판'이 급격히 사라지고 있다.

삼성전관의 모든 인사업무는 사내 인트라넷 '나눔터'에 설치된 PDSS(Personal Decision System, 인사의사결정지원시스템)을 통하여 이루어지고 있는데, 공지사항에는 연말정산 기한, 복리후생 규정 갱신 등의 내용의 사내 게시판을 운영하고 있으며, '나의 공간'란에서는 개인별 이력서, 소득, 연말정산, 복리후생제도, 증명서 발급, 사내 자격증, 사내교육정보, 예상퇴직금, 우리 사주 등의 정보를 온라인으로 확인할 수 있도록 되어 있다.

또한, '인재뱅크'란에서는 자신이 원하는 근무지역과 근무부서,

직무, 이동 희망시기, 희망 사유 등을 본인이 직접 입력할 수 있도록 되어 있으며, 입력된 자료는 비밀로 처리돼 인사에 활용되고 있다. 삼성전관은 PDSS 구축 이후 인사팀원이 48명에서 25명으로 절반정도 줄었다. 삼성전관 인력개발팀은 인터넷을 통하여 신입 및 경력사원을 채용하고 있다. 미국 내 마이크로소프트사의 홈페이지에 있는 채용란을 이용해 입사원서를 내는 사람은 매년 12만 명 이상이다.

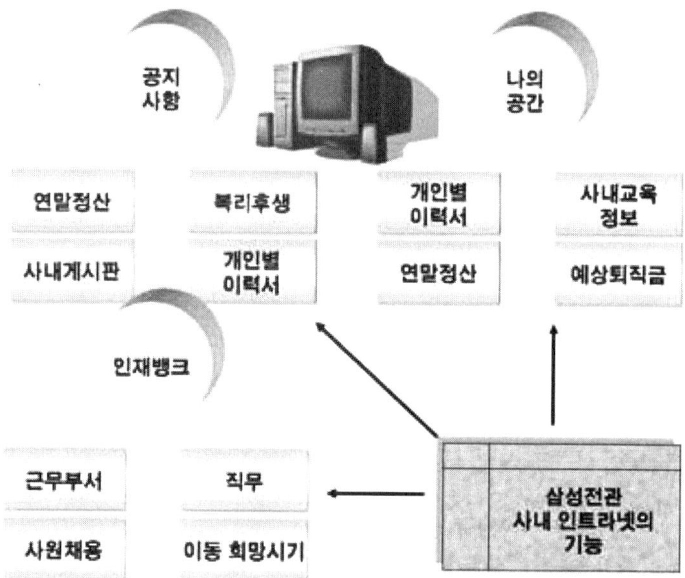

[그림 3-6] 사내 인트라넷의 기능과 효율성

3.1.6 프로세스관리에서의 인터넷 활용

(1) 구매 및 조달에서의 프로세스의 개선

내셔널 세미컨덕터사(미국의 대표적인 전자부품회사)는 1994년 설계기술자들을 타겟으로 한 정보제공을 목표로 웹사이트를 개설하였으나, 고객대상의 조사결과 그래프형식의 이미지가 상당부분 로딩시간을 방해하고 있고 고객들은 원하는 규격의 부품을 신속하게 검색하여 관심사항만을 체크하고 샘플을 주문한다는 사실을 발견하게 되었다. 이에 개발팀은 웹사이트를 보다 근본적으로 개편하였는데, 특히 내성 온도, 가격 등의 파라미터 검색엔진, 텍스트 키워드 검색 등 고객행동 분석을 통하여 검색단계를 절반 이상 줄였고, 고객이 홈페이지 내에서 샘플주문, 데이터의 다운로드, 담당자에 대한 e-메일 전송 등을 원스탑으로 처리 할 수 있도록 함으로써 구매자들과 긴밀한 관계를 성공적으로 맺을 수 있었다.

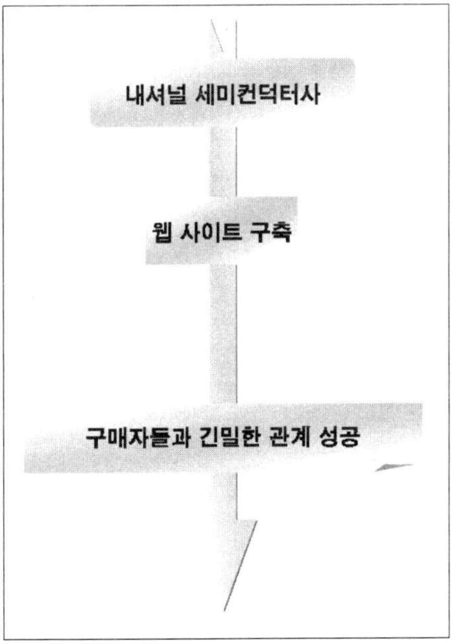

[그림 3-7] 인터넷을 통한 고객관리

1998년 새로 구축된 웹사이트가 인쇄업체와 유통업체들이 링크

되어 있어서, 샘플이 아닌 실제주문과 운송업무를 연계하여 신속하게 처리할 수 있도록 되어 있다. 이를 통하여 항시 촉박한 일정으로 요청하던 시제품용 부품의 소량주문 문제를 상당부분 간단히 처리할 수 있었다. 즉, 웹사이트에서 고객은 구매요청 품목을 먼저 확인하고, 정확한 재고 정보를 참조하면서 납품 가능한 반도체 부품회사를 검색하여 주문시스템이 링크되어 있는 경우엔 곧바로 발주하고, 그렇지 않은 경우에는 직접 전화를 걸어 접촉한다.

구매자 전용 웹사이트는 이 외에도 제품정보의 비교검토, 제품 내용의 변경과 신속한 파악, 온라인 주문들의 장점을 가지고 있으며, 부품조달과정의 개선을 통하여 수년간 1억 불 이상의 경비절감 효과를 기대하고 있다.

내셔널 세미컨덕사는 내부적으로 고객 문의를 e-메일 형식으로 제품별 담당 부서와 기술지원 요원들에게 전송되도록 함으로써 8천 명 이상의 고객 상담요원 절감효과를 얻었으며, 고객의 정보검색 결과를 고객관리에 활용하고, 제품별 문의건수, 데이터 다운로드 횟수, 샘플 주문량 등을 파악하여 판매전망을 예측 할 수 있었다.

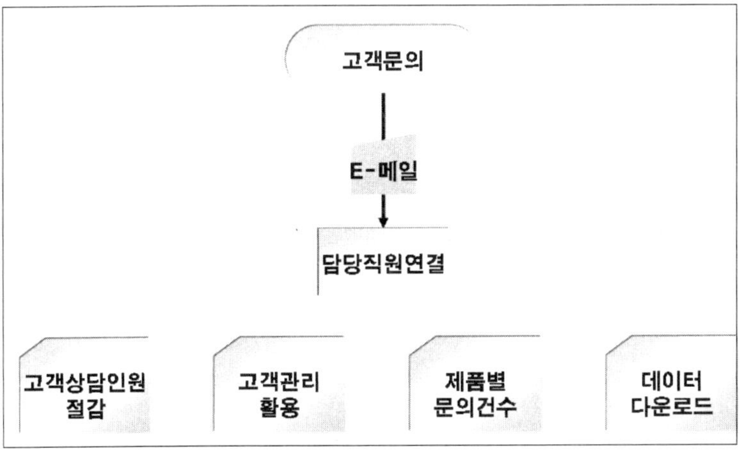

[그림 3-8] 프로세스 개선으로 인한 내부 업무 효율성

내셔널 세미컨의 웹사이트가 서비스를 개시한 지 2년 만에 매달 평균 50만 명 이상의 사람들이 방문하고 있으며, 수차례의 이용자 실태조사를 실시하고, 1997년 12월 현재 일평균 1만 1천 건의 데이터시트 검색이 조사되었으며, 과거의 경우 신제품 출시 후 성공여부를 평가하는 데 1년여의 기간이 걸리던 것이 극단적으로

는 하루만에도 고객의 반응을 파악할 수 있게 되어 신제품 출시 후 3개월 이내에 제품의 성공 여부를 가늠할 수 있게 되었다.

(2) 제품개발 전략(유연 제품개발시스템)

최근에 웹의 증가로 인해 제품개발을 위한 새로운 환경이 대두되고 있다. 즉, 고객을 만족시키는 제품과 이러한 제품을 만족시키는 기술은 제품을 개발하는 도중에 급격히 변할 수 있다. 이러한 환경에 반응하기 위해 기업들은 과거의 전통적인 방법, 즉 제품개념이 완전히 결정이 된 후에야 제품개발을 수행하던 방식을 버리고 새로운 유연 제품 개발 시스템 전략을 도입해야만 한다. 왜냐하면 전통적인 개발 시스템은 오늘날 급변하는 환경, 즉 급변하는 고객요구와 기술에 빠르게 대처할 수 없기 때문이다. 유연제품개발 시스템이란 제품이 개발되기 시작한 후에도 개발자들이 지속적으로 제품에 대해 정의를 내릴 수 있고, 이러한 정의를 구현할 수 있는 시스템이다. 이러한 혁신으로 인해 인터넷을 활용하는 기업들은 제품이 시장에 출시되는 마지막까지 고객의 욕구를 빠르게 수용할 수 있고, 이러한 고객의 욕구를 만족시킬 수 있는 기술을 받아들일 수 있다.

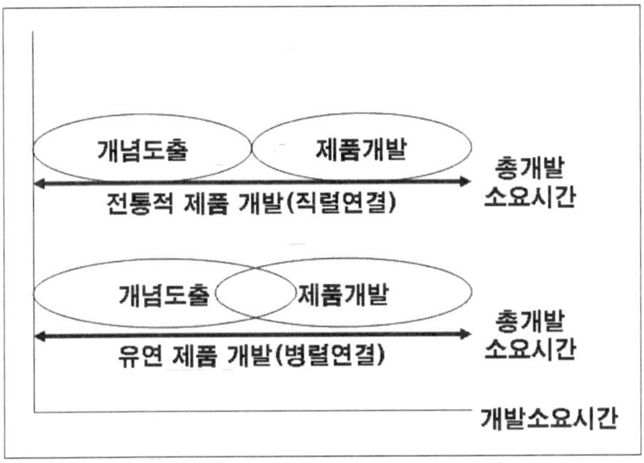

[그림 3-9] 유연제품개발 전략

유연제품 개발 시스템으로 인해 개발자들은 지속적으로 고객의 욕구를 인식하고 여러 가지 기술적 대안을 검사할 수 있으며, 이러한 과정에서 얻어진 정보를 제품개발에 통합해서 활용할 수 있게 되었다. 현재 제품 개발 시스템은 산업 전반에 걸쳐 다양하게 존재하고 있지만 소프트웨어 개발 시 인터넷 환경에서 가장 잘 구현되고 있다.

마이크로소프트사의 인터넷 익스플로러 개발, 야후의 디렉토리 서비스 개발 및 피아트사의 자동차 제품개념개발에 인터넷을 활용한 유연제품 개발 전략이 사용된 사례가 있다.

3.1.7 e-QM의 활성화를 위한 제언

품질경영활동의 발전과 효율화를 위해 현대의 경영자가 반드시 고려해야 할 사항이나 경영자가 빠지기 쉬운 함정이 도사리고 있기도 하다. e-QM과 관련하여 경영자가 반드시 고려하여야 할 주요사항들은 다음과 같다.

첫째, 상위 리더십활동으로서의 품질경영전략과 하위 실행활동으로서의 인터넷 기술의 활용이 만나는 가장 중요한 공통점은 최종고객을 중시하는 고객만족경영의 정신이라고 할 수 있으며, 이러한 고객만족 방침 하에 프로세스와 정보기술을 통합하여 나갈 때 궁극적인 성과향상을 기대할 수 있다.

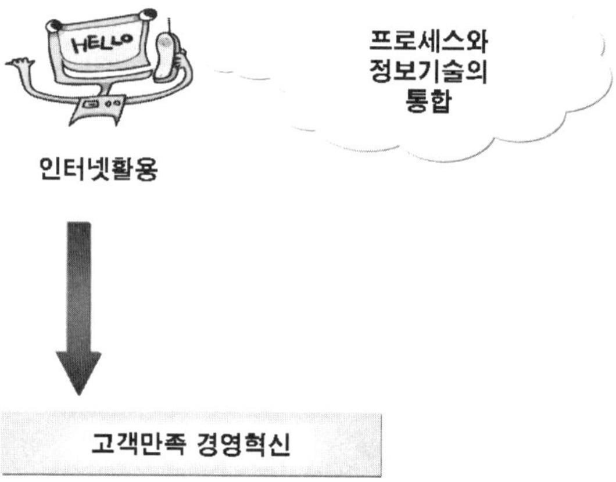

더욱이 기존에는 수동적이기만 했던 기업의 내/외부 고객들이 오늘날은 스스로의 힘으로 구매행위와 거래를 능동적으로 주도해 나가는 존재로 변모하고 있다는 점에서 주목하여야 한다.

둘째, 최종고객과 사용자를 정확히 파악하고 그들의 편의와 이익을 위해 사업구조와 조직의 변화를 동시에 수행해야 한다는 것이다. 오늘날에는 기술을 두려워하지 않으며 동시에 맹신적인 태도도 갖고 있지 않은, 즉 기술에 대한 이해와 고객 중심의 품질경영에 대한 마인드를 균형적으로 갖추고 있는 기술형 경영자가 절실히 요구된다.

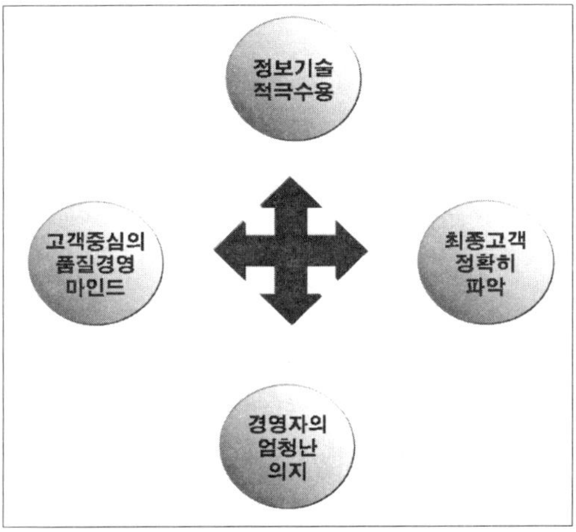

[그림 3-10] e-QM의 마인드

셋째, 오늘날 인터넷 기술 중 가장 널리 활용되는 기술은 월드 와이드 맵이라고 할 수 있다. 그러나 프로세스 개선에 보탬이 되고 보다 혁신적이며 고객지향적인 조직을 만드는 데 도움이 된다면, 웹이라는 정보기술뿐만 아니라 인터넷 전자우편, EDI, 기존의 진화, 팩스 등 다양한 기술도구를 종합적으로 활용하여 실용적이고 현실적인 아이디어의 구현이 필요하다.

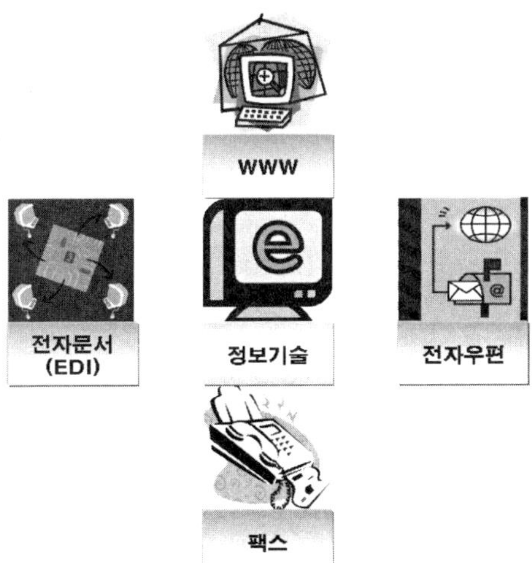

인터넷의 전략적 활용이란 인터넷이라는 새로운 정보기술을 무작정 수요 하는 것이 아니라 인터넷을 통해 기업의 정보기술을 통합해서 품질경영모형 및 기업의 비전과 장기목표에 맞게 전략적으로 활용하는 것이다. 인터넷에서 경쟁우위를 차지하도록 해 주는 간단하고도 손쉬운 전략이란 있을 수 없지만, 각 기업들은 고객과 그들이 처해 있는 환경을 끊임없이 분석해서 스스로 기회를 창출해 내어야 한다. 인터넷을 통해 기업과 고객 간, 기업 간, 기업내부 정보교류에 있어서 다양한 가치를 창출해야만 전략적으로 경쟁우위를 차지할 수 있을 것이다.

04 CHAPTER 6시그마의 현황과 미래

'6시그마'가 국내에 도입된 지 10년이 되었다. 그 동안 주요 대기업이 6시그마를 도입하여 재무성과와 함께 기업체질을 개선하는 효과를 거두면서, 6시그마를 도입하는 기업이 증가하고 있다. 또한 제조업뿐만 아니라 금융·서비스 및 공공 부문으로의 확산이 가속화되고 있다.

1980년대 중반 모토로라에서 생산현장의 무결함운동으로 출발한 6시그마는 이제 경영 전 부문에 적용되는 혁신활동의 대명사가 되었다. 한편 6시그마는 '효과성'과 '참여도'를 가장 높은 수준으로 끌어올린 혁신활동이라고 평가 할 수 있다. 즉, 경영혁신을 효과적으로 추진하기 위한 방법론이 정교화 되고 추진조직이 체계화되었으며, 추진영역이 확대되는 방향으로 발전해온 것이다.

6시그마의 성공적인 추진을 위해서는 우선 6시그마를 단순한 혁신기법이 아닌 '사고의 틀'로 보는 관점이 필요하다. 또한 6시그마가 생산부문에 국한되는 것이 아니라 전사차원의 총체적 혁신활동임을 인지하고, 최고경영자가 선도하여 6시그마를 추진해야 한다. 나아가 기업별 특성에 맞게 추진방식과 분석도구를 맞춤화할 필요가 있으며, 궁극적으로 임직원들이 6시그마 체질화를 통해서 바람직한 혁신 문화를 추구해야 한다.

〈표 4-1〉 6시그마의 발전 방향

구분	발전방향
방법론	기존 혁신활동과 6시그마의 융합, 활용도구의 정교화
추진조직	경영진의 혁신 전문가화, e-learning 활성화
추진방식	전략과 연계 강화, 대형과제 비중 확대
추진영역	공공부문과 서비스분야로 확대, 가치창출 영역의 추진

- 전자학습 (e-learning) -

인터넷이나 인트라넷 등 네트워크 기술과 교육이 접목된 웹 기반의 학습 교육을 의미한다. 원격 교육의 일종이나 실제로 온라인 교육 또는 사이버 교육과 거의 같은 의미로 쓰인다.

4.1 6시그마의 최근 방향

4.1.1 미국에서 6시그마가 세계적으로 확산

(1) 세계적인 500대 기업의 40%가 6시그마를 도입

- 제너럴 일렉트릭(GE)에서 6시그마를 도입한 이후 10여 년간 6시그마 방법론이 크게 발전, 그 효과를 증명하였다.
- GE : '03~04'년 간 27억 달러 비용절감
- 6시그마를 효과적으로 도입한 기업들은 최근에도 지속적으로 가시적인 성과를 달성

– 제너럴 일렉트릭(General Electric Company) –

미국의 전기기기 제조회사.

국가	미국
업종	전기·전자제품
설립일	1892년
본사	코네티컷주 페어필드
총자산	4370억 600만 달러(2000)
매출액	1294억 1700만 달러(2000)

(2) 서비스의 경우 특히 의료 분야에서 6시그마 확산

- 생명을 다루는 의료서비스 분야에서 결함은 치명적, 이 점에서 6시그마가 추구하는 무결함 원칙과 일맥상통한다.
- 의료행정 효율화 및 진료서비스 향상을 위해 6시그마 도입

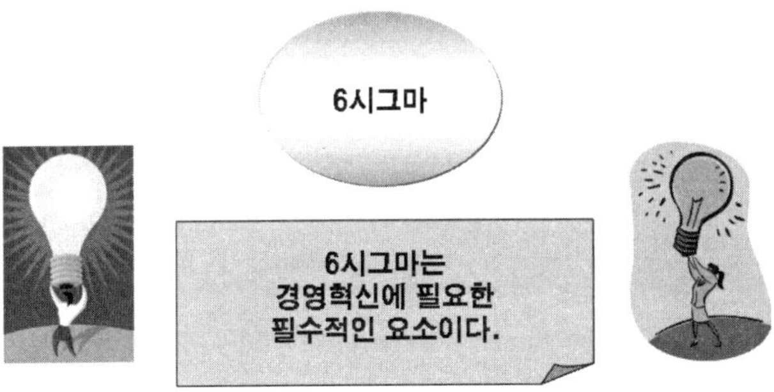

4.1.2 6시그마 열기가 뜨거운 한국

(1) 도입 10년차. 6시그마는 경영혁신을 대표할 정도로 보편

- 산업자원부가 주관하는 국가품질대상에 6시그마 부문을 별도로 지정

- 한국의 6시그마 추진현상에 세계적인 관심집중
- "6시그마의 미래 모습은 한국이 선도할 것"(6시그마의 창시자인 마이클 해리)

(2) 대기업 중심에서 중견기업으로 확대

- 삼성, LG, 포스코, KT 등 국내 주요 대기업과 협력업체에까지 6시그마 도입, 확산되고 있다.
- 6시그마를 추진을 선도했던 대기업이 실질적 효과를 거두자 도입이 증가 하였다.

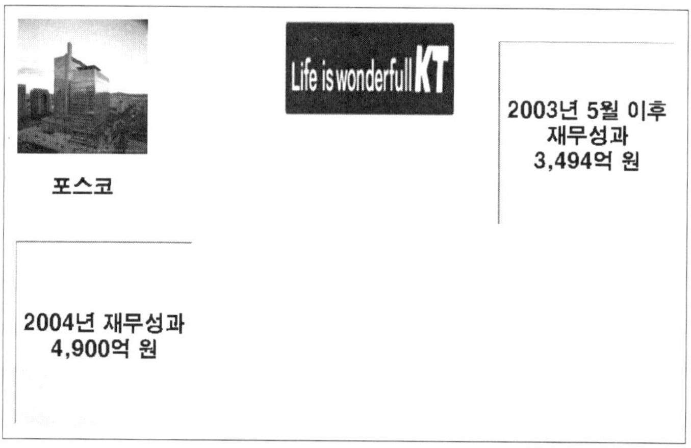

[그림 4-1] 6시그마 도입으로 인한 재무성과

- 대기업 외에 중견기업도 6시그마 추진에 열심

(3) 금융, 연구개발, 정부부처 등 다양한 부문에서 6시그마 도입

- 삼성 금융관계사(생명, 화재, 카드, 증권)를 비롯해서 동부화재, LG화재 등 민간 금융부문을 중심으로 도입이 확대되었다.
- 국내 공공부문에서도 6시그마 도입이 점차 확대되고 있다

- 국내 공공부문의 6시그마 도입현황(2005년 6월 기준) -

① 정부부처
- 18부 중 정보통신부(03)도입, 보건복지부는 도입을 검토 중
- 공군에서도 6시그마 추진

② 정부투자기관
한국철도공사(00), 한국도로공사(04) 등
지역 공기업 서울도시철도공사(01), 서울지하철공사(04)

4.2 6시그마의 역사와 발전

4.2.1 6시그마의 과거와 현재

(1) 일본에 대한 위기의식이 6시그마를 탄생

- 일본의 미국의 품질관리기법을 받아들여 경영활동에 전격 반영한 후 세계적인 경쟁력을 확보하였다.(1950~1980년대)
- 일본기업들은 통계적 기법의 중요성을 인식하고 미국의 데밍, 쥬란 등을 초청하여 종합적 품질관리 기법을 습득
- 일본 과학기술연맹은 1951년 데밍상을 제정, 우수기업 혁신기업 시상
- 일본은 종합적 품질관리를 발전시켜 총체적 품질경영(TQM)으로 발전시켰다.
- 총체적 품질경영에서는 최고경영자 주도로 품질방침을 세우고 추진결과를 진단
- 분임조 활동을 통해 종업원의 참여를 조직적으로 유도
- 미국은 절차부심의 심정으로 일본의 혁신활동을 연구, 6시그

마를 창안(1980~1990년대)

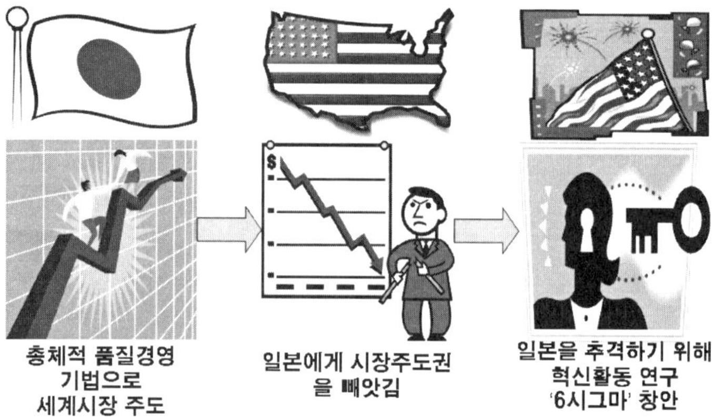

- 미국 자체적으로 품질향상을 위해 1987년 말콤볼드리지 국가품질상(MB상 : Malcolm Baldrige National Quality Award)을 제정
- 1980년대 초 미국 기업들의 경쟁력 약화로 국가적 위기감이 확산
- 미 정부와 학계는 일본의 데밍상 제도를 통해 구축된 품질경영 평가 시스템이 국가경쟁력 향상에 기여했다고 판단
- 1980년대 중반 6시그마가 창안되어 품질 개선에 기여

– If Japan Can, Why Can't We?" –

1980년 6월 24일 nbc tv에서 70분 동안 방영된 다큐멘터리로 일본의 품질수준 향상에 도움을 주었던 에드워드 데밍이 출연하여 일본 자동차와 전자가 세계시장을 장악할 수 있었던 이유를 설명하였다.

일본기업들은 데밍의 품질철학을 받아들여 개선에 성공한 사례에 대해 설명하고 미국기업들의 현재 상태와 비교/분석하였다. 이 프로그램은 당시 미국 경영자들에게 큰 충격을 주었다.

(2) 6시그마의 첫출발 : 모토로라의 생산현장 무결점 운동

① 모토로라는 일본기업에 비해 품질이 떨어진다는 사실에 충격

- 당시 전 세계 우수공장들을 벤치마킹한 결과, 일본의 품질수준이 모토로라보다 매우 심한 경우 1,000배나 높다는 사실을 발견해 경악을 금치 못했다.
- 이후 1981년 '5년 내에 10배 개선'이라는 큰 목표를 가지고 품질혁신을 과감히 추진하였고 성공을 거두었다.

② 1987년 모토로라는 6시그마 품질향상을 위해 새로운 방법 개발

- 제품의 '사후개선 보다는 공정자체의 개선'이 중요하다는 사실을 발견하게 된다.

사후검사를 통한 개선 보다는

제품이 만들어지는 공정자체의 개선이 중요하다

- 사용현장의 고장 데이터와 제조 일련번호를 추적하며, "제조현장에서 결함이 발견하여 많이 수리한 것일수록 실제로 사용할 때도 고장 날 가능성이 높다."는 사실을 인지하였다.
- 측정(Measure)→분석(Analyze)→개선(Improve)→관리(Control)의 체계적인 절차로 품질개선을 추진하도록 로드맵을 구성

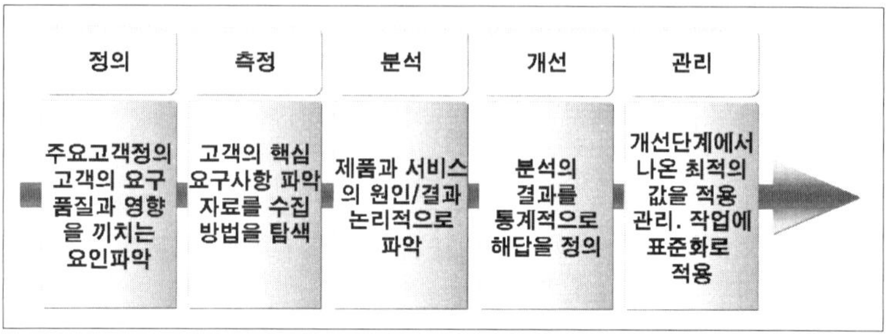

[그림 4-2] 6시그마 DMAIC 품질개선 추진

- 1988년 4억 8,000만 달러의 비용을 절감하며 품질혁신을 인정받아 '말콤볼드리지상'을 수상

- 모토로라의 품질혁신 -

무선기기 사업계의 최고 위치에 있던 1979년, 최고 간부회의에서 품질에 대한 자성이 품질혁신의 계기를 제공하였다.

"우리의 품질은 형편없다."라는 영업담당 간부인 아트 선드리의 발언은 정말 커다란 반향을 불러일으켰다. 1986년 '5년 만에 10배 품질개선'이라는 목표를 달성한 이후, 향후 2년마다 10배의 품질개선이라는 획기적인 목표를 수립 장기적으로 수립하였다. 1992년까지 자사의 모든 업무에서 '6시그마' 품질수준을 달성한다는 목표를 수립하였으며, 그 실현을 위해 구체화한 것이 6시그마 기법이다.

(3) 2기 6시그마: 적용범위의 확대(제너럴 일렉트릭)

- 1995년 6시그마를 도입한 제너럴 일렉트릭의 성공을 계기로 6시그마가 널리 확산되었다. 6시그마는 제너럴 일렉트릭의 전 경영의 프로세스에 적용이 되었고 경영전반의 혁신적은 활동으로 자리매김하였다.
- 제너럴 일렉트릭은 6시그마의 방법론을 정교화 하였고, 적용영역의 확대 등을 통해 6시그마의 '활용도'를 제고하였다.

〈표 4-2〉 제너럴 일렉트릭 6시그마의 진화과정

목적	연도	주요특징
생산성	1995	생산성 향상을 목표로 6시그마를 추진
제품 설계	1997	고객의 기대를 넘어서는 제품을 만들어내기 위해 DFSS를 개발하여 신제품 설계에 적용
고객에 초점	1999	프로젝트의 범위, 기대효과 및 결과 검증에 고객을 참여케 하는 등 고객에 초점을 맞추어 6시그마를 전개
일하는 방식	2001	6시그마가 일하는 방식으로 자리 잡으며 하나의 문화로 정착
저속 성장	2003	지속적인 성공을 위한 핵심요소로 4대 영역을 지정, 6시그마로 집중관리

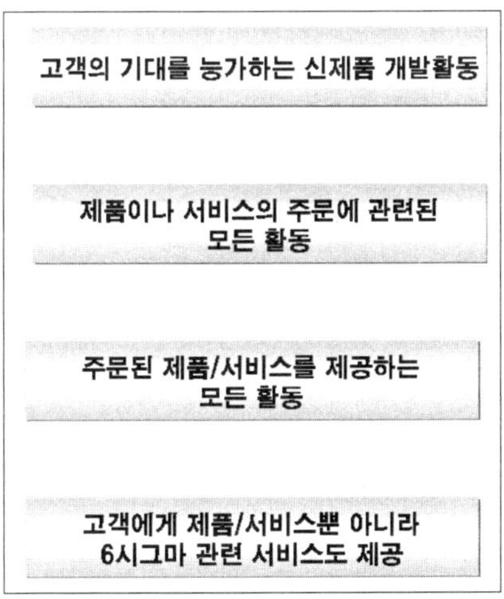

[그림 4-3] GE 핵심 4대 영역

(4) 기업혁신의 대명사 6시그마

- 6시그마는 현재 기업경영혁신의 대명사로 불리고 있다.

- 6시그마는 100만개의 부품 중 3.4개의 불량의 품질수준을 만들어 내는 데 있다.
- 6시그마 방법론은 '제조부문에서 6시그마 품질을 확보하기 위해 불량을 통계적으로 측정·분석하고 원인을 제거하는 체계적인 방법이라 정의 할 수 있다.
- 모토로라에서 제너럴 일렉트릭으로 넘어오면서 6시그마의 활동영역은 더욱 확대되어 제조뿐 아니라 인사, 구매 등의 사무간접부문과 기술개발 등 개발부문으로도 확대
- 오늘날 '6시그마'는 경영의 전 부문에서 숨은 결함을 찾아내어 지표를 설정하고 측정·분석하여 근본적 원인을 해결하는 체계적인 혁신활동으로 정착

〈표 4-3〉 6시그마의 변천에 따른 특징

	1기(1980년대)	2기(1990년 중반)
주요기업	모토로라	제너럴 일렉트릭
의미	6시그마의 창안	6시그마의 발전
특징	방법론의 정형화	방법론의 확대
활용분야	제조 품질 중심	제조, 사무 간접, 개발 등

(5) '참여도'와 '효과성'을 높은 수준으로 끌어올린 혁신활동

- 경영혁신은 조직원의 참여도와 경영성과를 높이기 위한 방향으로 지속적인 발전을 거듭하였다.
- 6시그마는 정교한 통계적 방법들을 활용하여 문제 해결을 시도함으로써 '효과성'을 제고 하였다.
- 추진영역도 제조, 사무간접, 영업, 연구개발 부문 등 광범위
- '참여도'측면에서도 경영진의 주도하에 전 직원의 참여를 유

도하기 위해 다양한 방법을 사용(내부전문가 육성)

〈표 4-4〉 경영혁신활동의 발전단계

	TQC 종합적 품질관리	TQM 총체적 품질경영	6시그마
방법론	개선도구 중심	개선도구 비정형화된 로드맵	개선도구 체계화된 로드맵
추진 영역	제조와 개발	제조, 사무 간접영역 (일부 영역)	제조, 사무, 영업, 개발을 포함한 전체 영역
추진 조직	테스크포스팀 외부전문가 중심	교육으로 인력양성 내부인력 중심	체계적 내부전문가 육성, 경영진의 참여 확대
추진 방식	하의하달 부분최적화 (Bottom-Up)	하의하달 (Bottom-Up) 상의하달 (Top-Down)	전체최적화 (Top-Down)

4.2.2 6시그마의 발전방향

(1) 6시그마. 새로운 성장세에 돌입

- 6시그마는 효과성과 참여도를 제고하는 방향으로 계속 진화되고 있다. 경영혁신의 4대 요소인 '방법론', '추진조직', '추진영역'의 모습이 진화를 지속할 전망이다.
- 6시그마의 궁극적임 목표는 바로 '혁신문화'의 지속적인 창출이다.
- 모든 구성원들이 공감하고 자발적으로 참여함으로써 '혁신의 생활화'단계에 이르게 되는 것이다.
- **방법론 :** 6시그마와 여타 혁신활동들이 융합되어 종합적 혁신

활동의 성격이 더욱 강화되어 나타난다(상호 보완하는 차원에서 접목 또는 통합진행). 해결해야 할 과제들이 성격이 복잡·다양해지면서 분석 및 개선 방법론이 더욱 정교해지고 세분화되었다. 또한 업종의 특색에 따라 6시그마는 다양한 형태로 전개되고 있다. 제너럴 일렉트릭은 린 방식을 접목, '린 6시그마' 추진을 공식화하였다. 린 방식의 개선도구를 6시그마에 포함시켜 재무성과뿐만 아니라 업무 스피드를 제고하는 등 효과를 배가 시키는 효율성을 가지고 있다.

– 제너럴 일렉트릭의 '린 6시그마' –

"..........우리는 '린 6시그마'라는 새로운 업무분야를 강조하고자 한다. 6시그마 문제해결방식에 사이클 타임을 줄이는 린 방식을 접목하였다. 지난 2년 동안 이러한 방식은 2003년 ~2004년 회계연도에서 27억 달러의 재무성과를 달성하는 데 크게 기여하였다. 한편 우리의 금융서비스 부문에도 동일한 '린 6시그마'방식을 확대 적용하여 위험관리 강화와 저비용구조를 실현하고 이익의 폭을 확대할 것이다."

– 린 6시그마 –

"시간 개념을 도입해서 생산성을 향상시키고 있는 점이 인상적이었다."
지금까지 GE가 추진해 온 식스시그마는 주로 코스트에 초점을 맞추었다. 이에 비해 도요다는 개발기간이나 납기 등을 축소하는 활동을 중시했다. "시간이 단축하면 결과적으로 비용절감으로 이어질 뿐 아니라 고객만족 향상의 효과도 있다." 이점이 GE에게는 신선하게 느껴졌던 모양이다.

- **추진조직 :** 전 조직원이 6시그마 전문가가 되는 것. 경영진 스스로가 전문가가 되어 6시그마 추진을 주도하였다. 경영진의 6시그마 자격 취득을 의무화 하였으며, 자격이 없으면 승진대

상에서 제외시켰다. 즉, 경영진이 6시그마를 지휘함으로써 임직원들은 비전과 확신을 가지고 혁신활동의 대열에 참여한다. 교육대상을 전 임원으로 확대하고, 디지털 인프라를 이용하여, 양질의 표준화된 6시그마 교육혜택을 제공한다. 즉, 결과적으로 사내 6시그마 전문가의 확대로'혁신의 체질화'를 가속해야 한다.

- "Six Sigma is the way we do business" -

"6시그마는 일개 프로그램이 아닙니다. 우리의 게임계획입니다. 6시그마는 개개인의 조직 모두 우리가 할 수 있는 최고의 요구가 되도록 요구할 것입니다."

(짐 맥너니, 3M C대)

[그림 4-4] 6시그마 추진조직의 방향

- **추진방식 :** 경영전략과의 연계성 강화시켜야 한다. 향후 지금의 기능을 보다 강화하기 위해서 과제의 선정과 관리, 평가

등을 연동한 포괄적이고 정교한 방법론이 활용될 전망이다. 6시그마 프로젝트가 종합적인 전사 프로세스 차원의 과제로 대형화 되면서, 선택과 집중의 원칙에 따라 자원을 집중하여 시급한 과제부터 해결해야 한다. 삼성에서는 '챔피언 프로젝트'라는 명칭으로 사업부 차원의 쟁점사항을 과제화한 대형 프로젝트를 진행 중에 있다.

- 추진영역 : 6시그마의 적용영역이 확산되고 있다. 미국의 경우 의료서비스 부문으로도 확산이 가속화 되고 있으며, 서비스업이나 공공부문과 같은 비 제조부문에서의 6시그마 전개가 더욱 활성화 되고 있다. 그리고 금융권 등 전통적인 서비스업체에서는 이미 6시그마 활용이 보편화 되어있다.

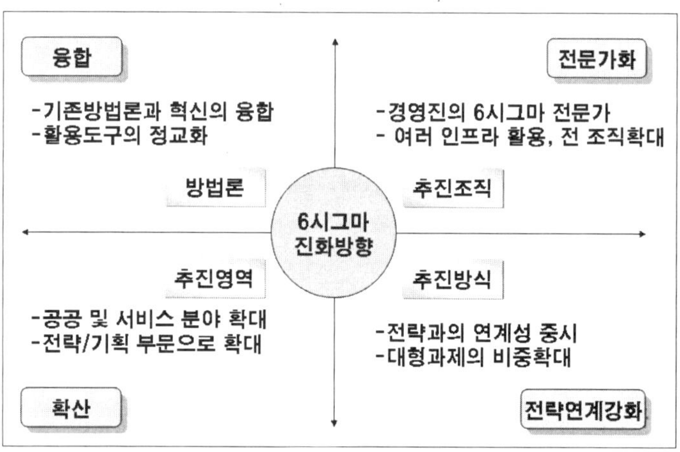

[그림 4-5] 6시그마의 진화과정

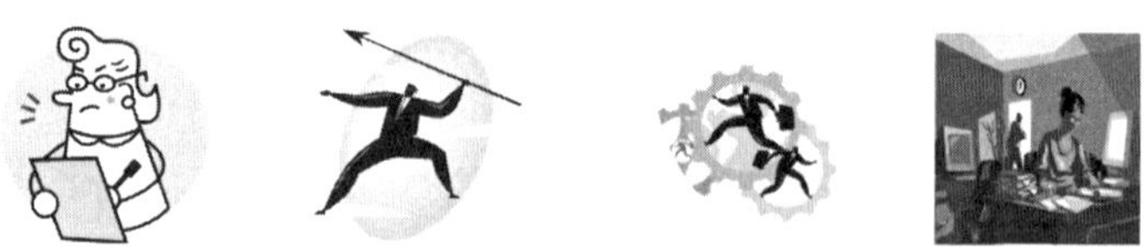

경영계획, 중장기 전략, 사업/기획 등 전략부문에서도 6시그마의 활용이 확대

4.2.3 6시그마의 성공을 위한 조언

(1) 6시그마는 지속적으로 진화·발전

- 급변하는 경영환경 속에서 단기간에 6시그마를 능가할 수 있는 새로운 혁신방법론의 등장은 어렵다고 생각한다.
- 6시그마는 일본의 총체적 품질경영(TQM)을 극복하기 위해 혁신활동의 장단점을 분석하고 연구를 통해 체계적으로 개발되었다.
- 6시그마의 기본 개념을 기반으로 참여와 효과를 제고 하는 방향으로 계속 발전해 나아가야 하며, 기존의 혁신적인 방법론과 융합·접목시켜 총체적인 경영혁신의 성과를 극대화해야 한다.
- 기법이 아닌 사고의 틀로 6시그마를 수용

기본개념을 정확히 이해하고 응용할 줄 알아야 한다.

- 도요다는 데밍과 쥬란의 품질관리기법을 사고의 틀로 승화시킨 대표적인 사례로 볼 수 있다. 이러한 결과는 30년 이상을 지속적으로 노력한 결과 '도요다 웨이'가 탄생하게 된 것이다.

- 도요다 웨이의 구축 과정 -

1950년대 당시 Just-In-Time체제 구축에 필요한 카이젠활동을 위해 총체적품질경영의 기본 개념을 도입하였다. 그리하여 1965년 데밍상을 수상하게 되었고, 혁신기법의 차원을 넘어 철학으로 정착되면서 현재까지 개선활동을 지속하고 있다.

생산현장 자주 활동으로 안착→품질관리서클 활동→5S 활동 전개→혁신문화(도요타 웨이)로 정착한다.

(2) 6시그마는 최고경영자의 영역

- 6시그마는 최고경영자가 직접 고민해야 할 전사 차원의 경영혁신이다. 최고경영자가 6시그마를 이해하고 솔선수범하여 6시그마 자격증을 취득하는 등 리더십을 필요로 한다.
- 중장기 계획이나 새로운 사업 기획 등 기업의 성장과 직결된 전략영역에서는 6시그마를 적극적으로 검토해 보아야 한다.

- DFSS (Design For Six Sigma) -

신제품을 설계하거나 현재 존재하지 않는 새로운 프로세스를 처음부터 6시그마 수준으로 설계하기위한 방법론이다. DFSS는 문제정의, 측정, 분석, 설계, 최적화, 검증의 단계를 거쳐 프로젝트를 수행한다.

- 또한 성장지향형 프로젝트에 역량을 집중함으로써 DFSS이용한 신제품 개발, 매출확대를 위한 영업·마케팅 분야의 과제로 확산되고 있다.

(3) 6시그마의 맞춤화

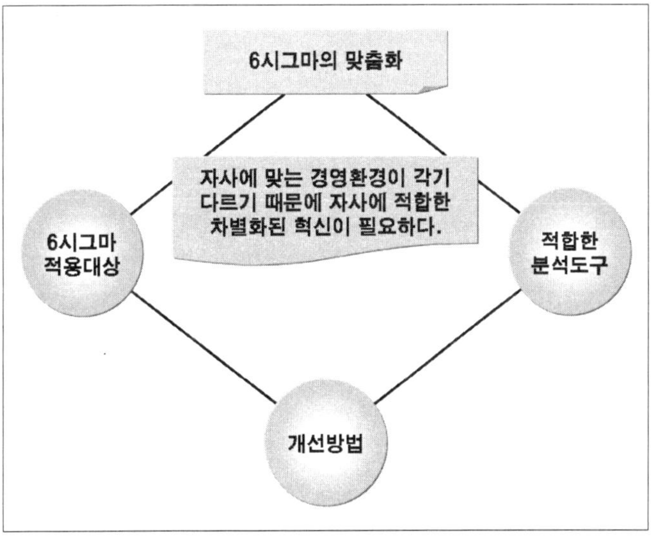

[그림 4-6] 각 기업의 특성에 맞는 차별화된 6시그마 활용

- 6시그마는 기업의 특성과 경영환경의 차이에 따라 추진조직별로 차별화하는 것이 바람직하다. 그 범위로는 적용대상, 활용분야에 적합한 분석도구, 개선방법 등이 있다.
- 단기적인 눈에 보이는 성과에만 너무 집착하지 말고 자신과 기업에 맞는 6시그마 개발에 착수해야 한다. 성공사례를 적절히 참고하고 자사에 맞는 문화와 환경에 맞추어 적절히 수정해 나가는 것이 올바른 방법이다. 대표적인 예로는 제너럴 일렉트릭은 모토로라 방식의 6시그마를 자사에 맞게 응용하여 비 제조부문까지 포괄하는 업그레이드된 6시그마를 체계화하였다.
- 반면, IBM은 6시그마를 자신의 것으로 만들지 못하여 결국 실패하고 말았다.

- IBM 6시그마 실패의 교훈 -

IBM은 1989년 모토로라를 벤치마킹, 최고경영자인 존 에이커스가 'IBM 부활을 위한 6시그마 수준의 품질달성'을 선언하면서 시작하였으나 경영악재에 따른 대규모 감원, 최고경영자의 퇴진 등으로 4년 만인 1993년에 중단하였다. IBM이 6시그마를 제대로 활용하지 못한 실패의 원인은 충분한 지식과 사전의 조사 없이 모토로라의 6시그마 형태를 그대로 도입하여 자사에 맞지 않는 효과성 결여로 나타났으며 최고경영자의 퇴진과 함께 중단되었고, 그로인해 종업원들의 참여를 유도할 동기부여가 부족하였다.

(4) 궁극적인 6시그마의 체질화를 추진

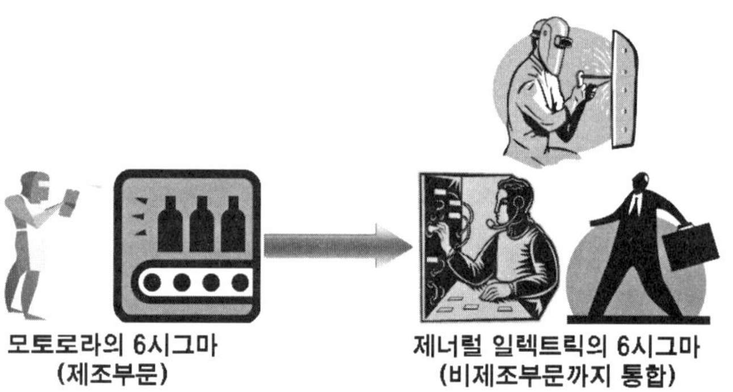

- 6시그마의 궁극적 목표와 지향하는 바는 구성원들 모두가 '혁신'하는 것이다. 전 구성원들의 자발적 참여로 인해 혁신은 가끔이 아닌 상시적으로 일어날 수 있는 기반을 마련해야 한다.
- 무엇이든지 6시그마 사고를 통해서 의사결정을 내리고 주요 현안에 대해서는 6시그마 프로젝트화 하여 해결하는 것이 바람직하다. 이러한 6시그마 사고를 통해서 고객 및 프로세스의 관점을 객관적인 측정과 분석을 통해 원인을 규명 할 수 있는 것이다.

배우지 않고서는 절대 발전할 수 없다.

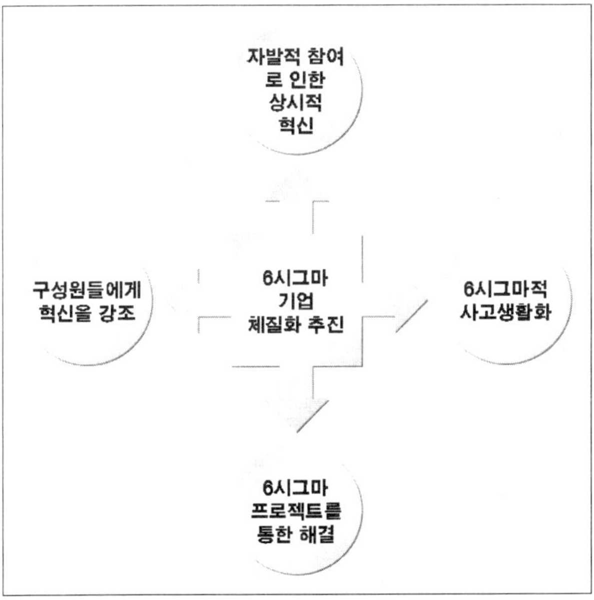

[그림 4-7] 6시그마적의 생활화

- 경영진과 임직원들의 혁신 체질화를 실현하기 위해 교육 및 훈련을 확대한다. 최고경영층이 직접 임직원을 교육하고 중요 프로젝트에서 리더가 되어 혁신활동을 주도한다. 디지털 경영환경을 활용하여 최신 지식과 동향, 경영층의 의지 등 양질의 표준화된 정보를 효과적으로 전 임직원들에게 전달한다.

(5) 중소기업경쟁력 강화 : 6시그마

- 국가차원에서 6시그마 도입을 장려할 필요가 있다. 경영난이 가중되고 있는 현재 상황에서 중소기업의 경쟁력을 강화하기 위해 6시그마를 활용해야 한다. 중국기업 등 동남아 지역에서의 원가경쟁력이 앞서는 여러 업체들과 경쟁하기 위해선 생산성 향상과 품질 제고를 위한 체계적이고 논리적인 접근과 방안이 필요하다.
- 정부주도로 중소기업을 위한 '6시그마 아카데미'운영을 검토해 보아야 하고, 교육 및 컨설팅 교육비용의 일정 비율을 정부가 분담하도록 한다.
- 대기업과 중소기업이 협력하여 사업의 일환으로 대기업이 가지고 있는 6시그마 노하우를 전수해 주어야 한다. 만일 독자적으로 6시그마 추진이 어려운 기업이 있다면 그들은 지원차원에서 꼭 추진해야 할 것이다.

4.3 기업사례 : 제너럴 일렉트릭(GE)의 6시그마

4.3.1 잭 웰치, 6시그마를 시작하다

– 제너럴 일렉트릭(GE), 6시그마의 시작 –

"내가 한 일중 가장 잘 한 일은 재임 중에 6시그마를 도입한 것이다. 그러나 내가 저질렀던 실수들 중 가장 큰 것 중 하나는 6시그마를 너무 늦게 시작한 것이다."

– 잭 웰치–

GE에서 6시그마를 시작하게 된 계기는 정말 극적이었다. 잭 웰치가 CEO로 일하면서 경영위원회에 빠진 일은 단 한번 뿐이다. 1995년 6월에 열린 그 회의는 GE에게 있어 매우 중요한 회의 다.

1995년 4월 잭 웰치는 심장발작을 일으켰다. 어머니가 물려준 심장 질환을 잭도 피해갈 수 없었던 것이다. 그는 미리 어떤 예방 조치를 취할 만한 충분한 시간이 없었다. 그는 무척 어려운 수술을 받아야 했다. 심장을 절개하는 위험한 수술이었다.

다행히 수술은 끝마치고 잭 웰치는 건강을 회복했다. 요양을 하면서도 심장수술을 받기 직전 직원에 대한 설문 조사 결과, 회사 제품과 프로세스의 질에 대해 직원들이 만족하지 않고 있었던 점이 늘 마음에 걸렸다.

– 얼라이드 시그널 –

미국의 항공우주 시스템 및 부품 제조업체.

국가	미국
업종	항공기 제작
설립일	1920년
본사	뉴저지주 모리스타운
총자산	251억 7500만 달러(2000)
매출액	250억 2300만 달러(2000)

그의 가장 친한 친구였던 얼라이드 시그널의 래리 보시디는 심장수술을 받고 집에서 쉬고 있던 잭 웰치를 자극했다. 그는 1991는 7월까지 GE의 부회장을 지내면서 34년간 근무한 인물이었다. 1994년 얼라이드 시그널에 6시그마를 도입한 그는 잭 웰치에게 전화를 걸어 6시그마의 위력을 자세히 설명하기 시작하였다.

잭 웰치는 이로 인해 6시그마에 한발 더 다가서게 되었고 부사장 겸 수석 정보 책임자인 게리 라이너에게 이 획기적인 프로그램을 맡겼으며, 모토로라를 비롯하여 얼라이드 시그널 등을 포함한 다른 회사들은 6시그마를 어떻게 시행하고 있는지 조사하도록 명령함으로써 비로소 GE에서의 6시그마가 첫발을 내디디게 된 것이다.

사실 잭 웰치는 품질 프로그램에 대해서는 별 관심을 갖지 않았다. 즉, 별 볼일 없는 것이라고 생각한 것이다. 당시 세계적인 명성을 얻으며 고성장을 지속하던 GE의 품질수준에 문제를 제기한 사람은 아무도 없었다. 잭 웰치 자신도 자신의 경영전략만 믿으며 계속해서 명성을 이어갈 것이라 생각했었다. 하지만 모토로라, 도요타와 같은 회사들이 상품과 프로세스 면에서 눈부신 성장과 명성을 얻고 있었던 것에 비하면 GE의 품질에는 한계가 있었다.

GE 내부에서는 강력한 품질 프로그램의 필요성에 대한 요구가 이어졌다. 그 결과 1995년 4월, 많은 직원들은 GE제품의 품질에 문제가 있음을 지적하였다.

1995년 가을, GE는 6시그마를 도입할 채비를 갖추었다. 잭 웰치는 회사전체를 역사상 가장 강력한 품질혁신운동에 참여하게 했다. 그 동안 수집한 정보를 바탕으로 6시그마가 GE를 지구상에서 가장 경쟁력 있는 기업으로 만드는 획기적인 경영전략이 될 수 있다는 것을 확신했다.

1996년 1월 초, 플로리다 주 보카라톤에서 열린 회의에서 잭 웰치는 500여명의 고위 경영진에게 회사를 개혁할 혁신적인 프로그램을 단행하겠다고 발표했다. 그는 이 프로그램을 시작하는 것이 GE역사상 성장과 수익성, 사원의 만족도를 증진시킬 가장 최고의 기회가 될 것이라고 단언했다. 이로 이해 GE에서 본격적으로 6시그마가 시행되기에 이르렀다.

– 잭 웰치가 임원들에게 보내는 서한 중에서 (1996.5.18) –

"6시그마는 GE역사상 가장 중요한 실행목표가 될 것이다. 6시그마는 GE를 끊임없이, 근본적으로 변화시킬 것이다."

6시그마 운동이 시작된 첫 해, 직원들 사이에서는 이것이 한 때 유행하는 하나의 경영전략 중 하나로 여겨졌고 또 최고경연진이 이 운동의 추진을 얼마나 심각하게 생각하고 있는 지 알 수가 없었다. 그래서 잭 웰치는 직원들이 6시그마 운동을 제대로 이해하고 빠른 속도로 자리 잡을 수 있도록 하기 위해 홍보 전략을 마련했다. 1996년 봄에 '목표와 여정'이라는 제목의 팜플렛을 직원들에게 나눠주고 6시그마에 관해서 설명했다. 그 핵심의 요지는 6시그마 운동에 상당한 자원과 시간을 투자할 것이며 그 요지는 "참여하라, 그렇지 않으면 나가라."라는 것이었다.

– '목표와 여정 (The Goal and The Journey)' –

6시그마 운동에 상당한 시간과 자원을 투자할 것이다.
"참여하라, 그렇지 않으면 나가라."

그리고 1997년 5월 22일, 잭 웰치는 6시그마 교육을 승진과 연계시키라고 명령함으로써 유행을 넘어서 회사의 핵심 전략으로 자리매김하게 되었다.

"1998년까지 최소한 그린벨트를 획득하지 못하면 승진 대상에서 제외될 것"

6시그마를 도입하기 이전에 잭 웰치는 당시 GE핵심 경영전략을 구현하는 도구이던 CAP(Change Acceleration Process)이나 개

방성과 비형식성, 벽 허물기, 높은 참여, 학습문화 구축 등으로 이루어진 워크아웃(Work out)으로 제품과 프로세스 면에서 최고 품질을 달성할 수 있다고 확신했다. 그러나 품질에 대한 직원들의 현실적인 불만과 세계적인 추세를 정확하게 인지하고 경쟁사보다 더욱 높은 수준의 고객 만족을 달성하기 위해 GE만이 가지고 있던 가지고 있던 기존의 장점들과 6시그마를 통합하여 GE만의 독특한 6시그마가 그 막을 올리게 된 것이다.

4.3.2 GE의 워크아웃, 캡 그리고 6시그마

세계의 일류 기업들이 공장과 업무시설을 하나로 통합하여 시너지를 창출하는 클러스터 전략을 펼치고 있을 때에도 GE는 과감하게 공장을 분산하고 공장간 경쟁을 통해 생산효율을 높이는 분산 전략을 사용하기도 했다.

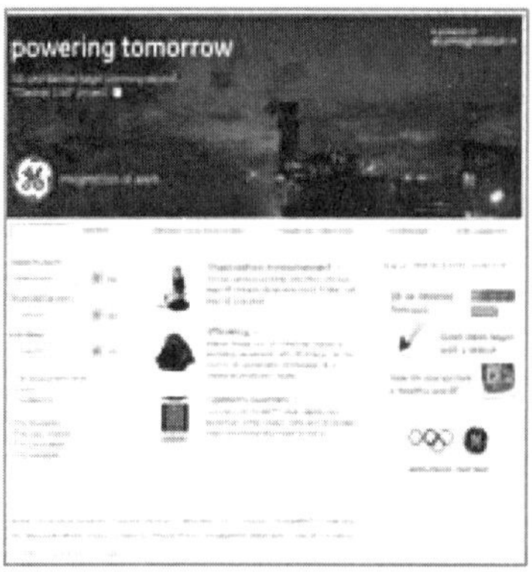

GE는 변화를 두려워하지 않고 오히려 장려한다. 이러한 변화는 외부의 영향에 의해서 이루어지는 경우도 많지만, 대부분은 교육을 통한 직원들의 의식구조 변화를 토하여 늘 기존의 방법을 버리고 더 나은 것을 찾는 일에 익숙하도록 도와준다.

엔진 공장은 GE가 변화에 두려워하지 않고 독특한 방법으로 경쟁력을 일구어나간 좋은 사례를 제공한다. 미국 오하이오주 신시내티에 있는 GE 제트엔진 조립공장에서 생산되는 엔진 부품은 센터 오브 엑셀런스라고 불리는 10개의 공장에서 생산된다. 중요한 것은 공장마다 경쟁을 시켰다는 점이다. 기장 생산성이 높은 공장이 가장 많은 일을 가져가게 한 것이다. 이를 통해 GE는 엔진의 단가를 낮추었다. 이런 일들은 워크아웃이나 캡을 통해 가능했다.

그리고 1997년부터 도입한 6시그마를 통해 엔진공장의 생상효율성을 높일 수 있었고, 모든 작업간의 변화가 일어나 많은 시간이 단축되기도 하였다. 과감한 변화를 통해 매년 생산과 운영비용을 10%씩 감소시킬 수 있었다.

6시그마의 도입으로 엔진공장의 효율성을 부쩍 성장하게 되었다. 부품, 재료, 수송과 라인 배치 작업 등 모든 부분에서 변화가 일어났고 엔진의 연소부분을 조립할 때는 엔진을 세로로 세워 조립하면 시간이 더욱더 단축된다는 사실을 깨달았다.

- 클러스터 전략 -

연구개발 기능을 담당하는 대학 및 연구소, 생산 기능을 담당하는 대기업 및 중소기업, 각종 지원 기능을 담당하는 벤처캐피탈과 컨설팅 등의 기관이 한 군데에 모여서 정보·지식의 공유를 통한 새로운 지식과 기술의 창출 등 시너지 효과를 일으키기 위한 것이다.

(1) 워크아웃

GE를 초우량기업으로 재구축하고 은퇴한 잭 웰치의 업적 중 가장 높게 평가할 것은 모든 구성원들의 두뇌와 아이디어를 활용하는 새로운 열린 기업문화를 구축한 것이다. 그는 관료주의를 타파하고, 지구상에서 가장 비관료적이고 벽이 없는 조직 문화로 탈바꿈 시키는 것을 최대의 목표로 하였다. 이를 위해 도입한 경영혁신 도구가 '워크아웃'이었다.

워크아웃은 관료주의를 타파, 프로세스 개선, 가치사슬강화 등을 목적으로 이에 연관된 사람들끼리 모여 구체적으로 변화시켜야 할 사항을 도출하고, 아이디어를 개발하여 경영자들과 공유하고 그 추진여부에 대한 즉각적인 의사결정을 내리도록한 후, 담당자를 정해 실행에 옮기는 방법론이다.

관료주의를 타파하고 열린 기업문화를 이룩한 경영혁신 도구, 워크아웃

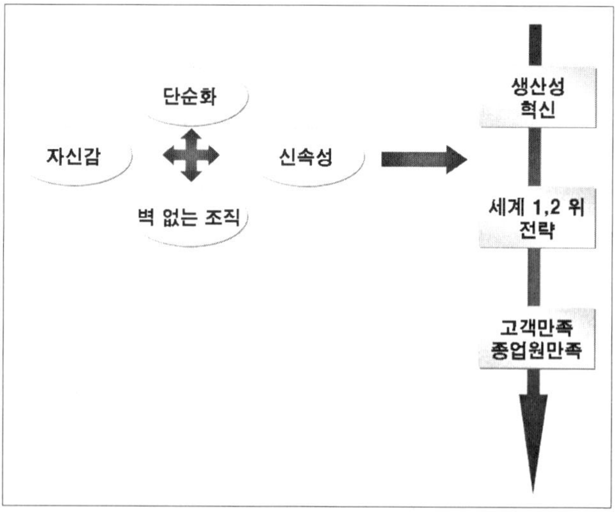

[그림 4-8] 워크아웃의 기본개념

잭 웰치는 1980년대 중반, 이 워크아웃 운동을 모든 조직에 확산시키기 위해 가장 원초적인 민주주의 방식인 '타운 미팅'을 도입했다. 모든 구성원들은 한 해 한 차례이상 '워크아웃 타운 미팅'에 참여했다.

조직 속의 모든 장벽이 제거되고 관료적인 관습과 사고방식이 철저히 배제된 기업 풍토 속에서 조직의 구성원들에게 자신의 의견과 아이디어를 자유롭게 주장할 수 있고 이를 경영에 실천 할 수 있는 기회가 주어졌다.

워크아웃은 일하는 방식을 획기적으로 바꾼 전환점이 되었지만 이것은 흔히들 이야기하는 품질경영의 범주는 아니다. 오히려 기업문화에 가깝게 볼 수 있으며 GE만의 독특한 기업 문화로서 향후 6시그마가 빠르고 효과적으로 GE전체에 뿌리 내릴 수 있도록 발판을 만들어준 계기가 되었다.

(2) 변화 가속화 운동(CAP)

워크아웃 프로그램이 GE의 열린 기업문화의 바탕이 되었으며, 그 바탕 위에서 열린 학습문화인 '베스트 프렉티스 프로그램(Best Practice Program)'이 정착했고 변화를 가속화시키는 운동인 '캡(CAP, Change Acceleration Precess)'이 전사적으로 실행에 옮겨졌다.

캡은 변화가 필요할 때, 이를 효과적으로 빠르게 진행할 수 있도록 도와주는 도구이다. 중요한 점은 고객의 요구에 초점에 맞춰진 변화여야 한다는 것이다. 고객의 요구는 항상 변화하기 마련이고 가장 자신들의 요구를 잘 만족시키는 곳으로 이동하기 때문에 고객이 요구를 명확히 파악해내고 필요할 때에 바로 변화하지 않으면 경쟁에서 뒤처지고 만다는 간단한 사실에 근거한 것이다.

캡은 워크아웃과 더불어 GE만의 고유한 문화가 되었으며 후에 전 조직에 걸쳐서 빠른 기간 내에 전파된 6시그마와 접목되어 그 효과가 더욱 극대화 되었다. 특히 팀원을 구성하고, 구성원들로 하여금 각인시키며, 프로젝트나 과제의 우선순위를 정하게 하였다.

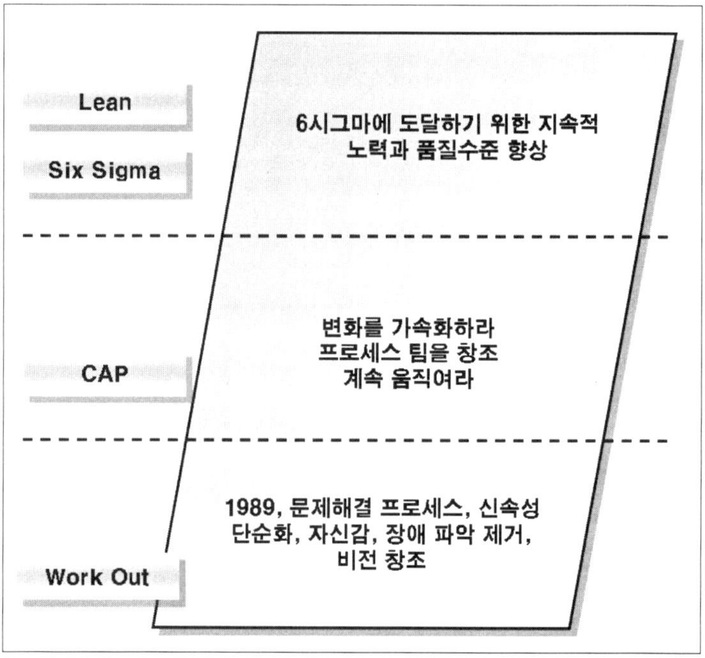

[그림 4-9] GE의 혁신도구들

6시그마는 이미 워크아웃, 캡과 결합하여 이미 그 유연성이 검증 되었고 현재는 린과 결합하여 6시그마에서 간과하기 쉬운 부분을 보충하는 등 보다 더 다양하고 효과적인 형태로 진화하고 있다. 급변하는 경영환경에 맞게 매일 그 옷을 갈아입고 있어서 6시그마와 함께 생활하는 사람들조차도 늘 긴장하며 새로 배우는 마음과 변화를 예의주시 하고 있다.

4.3.3 잭 웰치의 전폭적인 투자와 천문학적인 이익

최고의 품질은 모든 영역에 있는 각각의 우수한 인재들을 통해서만 달성 될 수 있다. 최고의 인력을 확보하기 위해서는 그에 상응하는 보상체계가 뒤따라야 했다.

잭 웰치는 1998년 말까지 그린벨트교육을 이수하지 않은 직원은 더 이상 관리자로 승진할 수 없음을 여러 번 강조했다. 6시그마를 도입한 초기부터 관리자들에 이어 전 사원들에게 교육의 기회가 주어졌고, 그리하여 GE의 직원은 예외 없이 누구나 그린벨트 교육을 이수하게 되었다.

가장 유능한 관리자에게 6시그마를 맡기려고 강조를 했음에도 불구하고, 초기에 6시그마를 담당하는 전담요원인 블랙벨트 중 우수한 인재는 채 반도 안 되었다, 여전히 개별 사업장까지 그 중요성이 전달되지 않았던 것이다. 이에 더욱 더 강력한 방법을 쏟아붓기 시작했다.

적절한 보상체계를 통해 본격적으로 이 새로운 도전 목표에 최고의 인력을 확보하는 노력을 기울이기 시작했다. 즉 모든 블랙벨트들에게 스톡옵션을 주기로 결정했는데, 그것은 당시 주가가 엄청난 속도로 상승하던 상황에서 회사가 그들에게 줄 수 있는 최상의 인센티브였다.

그러나 이것은 생각만큼 쉽지 않아서 GE의 최고 인재들을 6시그마에 투입시키는 데는 무려 3년의 시간이 필요했다. 또한 6시그마 운동이 더욱 큰 성과를 얻을 수 있도록 기존의 임원들에 대한 인센티브 제도를 보완하여 보너스의 60%는 재무성과를 바탕으로, 그리고 나머지 40%는 6시그마운동의 결과를 바탕으로 지급했다.

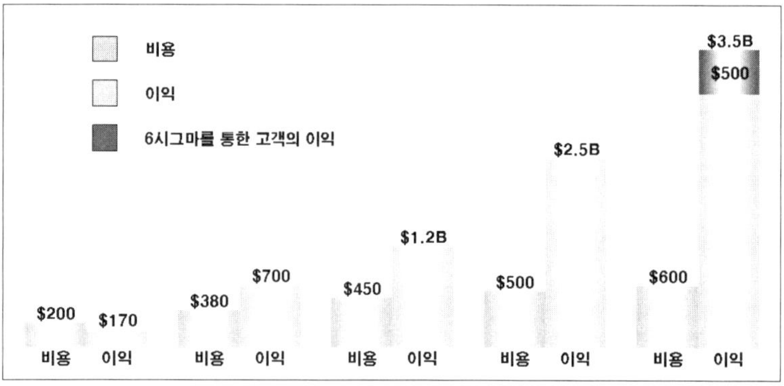

[그림 4-10] 6시그마를 통해 얻은 GE의 재무성과

4.3.4 6시그마 전문 요원의 역할

66시그마에는 그 업무의 범위와 권한에 따라 여러 가지 호칭이 있는데 여기에 바로 '벨트'의 개념이 도입되었다. 이것은 태권도나 가라데 등 동양 무술에서 나온 것으로써 그린, 블랙, 마스터 등과 같이 다른 수준의 훈련과 경험을 습득한 사람들에게 주어지는 등급을 나타낸다. 특히 6시그마의 꽃은 바로 '블랙벨트'인데 실무자급 인원이 선발되어 직접 프로젝트를 수행할 기회가 가장 많이 주어지기 때문이다.

(1) 그린벨트

그린벨트는 6시그마 전문요원이 아니라 현업부서에서 자신의 업무를 하면서 동시에 프로젝트를 진행하는 직원이다. 그린벨트 인증을 획득하기 위해서는 이에 맞는 6시그마 교육을 이수한 후, GE의 공통 6시그마의 시험을 통과하고 프로젝트 1개 이상 수행해야 한다.

(2) 블랙벨트

현업 직원과 어깨를 부딪치며 직접 프로젝트를 이끌어 가는 블랙벨트는 태권도의 사범과 같은 역할로서 6시그마의 꽃이라고 할 수 있다.

블랙벨트를 선정되기 위한 조건은 매우 까다롭다. 우선 현재의 업무에서 그 능력을 인정받은 직원이어야 한다. 최소한 상위 20% 내에 들고 다른 부서와의 커뮤니케이션이나 발표능력, 리더십과 추진력 등을 고루 검증하여 선정한다.

블랙벨트로 선정이 되면 최소한 18개월을 근무해야 인증의 자격이 주어진다. 그 동안 블랙벨트 교육을 이수한 후, 그린벨트보다 더 어려운 시험을 통과하고 최소 2개의 프로젝트를 완수하면 인증의 모든 자격을 갖추게 된다.

(3) 마스터 블랙벨트

블랙벨트가 태권도 사범의 역할이라면 마스터 블랙벨트는 태권도 관장이라고 할 수 있다.

그야말로 GE의 차세대 리더로 평가받는 직원들을 선발한다. 선발 기준은 블랙벨트와 비슷하지만 상대적으로 직급이 높고 6시그마 업무를 마치고 나서는 바로 부서장의 역할을 할 수 있도록 간부급 직원으로 선발한다. 필요할 경우 교재를 집필하기도 하고 여러 가지 필요한 분석도구들도 개발하게 된다.

인증 받기 위해서는 자신도 직접 개인 혹은 팀 프로젝트를 진행해야하고 그린벨트나 블랙벨트 프로젝트를 지도하고 그 수준을 조절한다. 그리고 비즈니스 전략에 맞추어 6시그마의 방향을 조절하며 블랙벨트보다 더 큰 규모의 프로젝트를 직접 리드하는 경우가 많다.

(4) 퀄리티 리더

퀄리티 리더는 GE의 6시그마 조직 중 최상위 직급으로서 전 세계에서 6시그마를 이끄는 리더는 글로벌 퀄리티 리더, 아시아나 유럽, 아메리카 등 각 대륙을 이끄는 리 저널 퀄리티 리더, 그리고 각 나라에서 6시그마를 이끄는 매니저를 컨트리 퀄리티 리더가 각 나라의 6시그마 활동을 리드하며 블랙벨트와 마스터 블랙벨트의 활동을 이끌고 있다.

(5) 화이트 벨트, 경영진 벨트

화이트 벨트는 입사한 지 1미만으로서 그린벨트교육을 이수하고 본격적으로 그 활동을 시작해야 함에도 불구하고 그럴 상황에 있지 않는 직원들에게 가장 필요한 부분만 압축하여 교육을 제공해주고 업무에 지장이 없도록 하기 위한 것이다. 이것은 모든 곳에서 시행하는 것은 아니고 필요에 따라 선택적으로 시행 된다.

경영진 벨트는 최고경영자들 중 6시그마를 경험하게 하고 더욱 조직을 효율적으로 운영하도록 하는 프로그램도 있다. 일반 블랙벨트와 마찬가지로 교육, 시험 및 프로젝트를 모두 완료해야 한다.

05 제조물 책임

CHAPTER

5.1 제조물 책임의 의의

5.1.1 제품결함의 종류

제조물 책임이란 상품의 생산, 유통, 판매 등의 일련의 과정에 관여한 자가 그 상품의 결함으로 인하여 야기된 생명, 신체, 재산 및 기타 권리에 대한 침해로 생기는 손해를 최종 소비자나 사용자 또는 제3자에 대하여 배상할 의무를 부담하는 것을 말한다.

– 제조물 책임 –

제품결함으로 인하여 발생한 피해에 대한 생산자, 판매자 등의 손해배상 책임을 말한다. 이를 제품적임(품질관리관계), 제조물 책임(법률관계), 생산물책임(보험관계)이라고도 한다.

여기서 제품결함이란 제품의 이용자, 소비자 또는 그의 생산에 대하여 불합리하게 위험한 결함상태에 있는 것이라고 정의한 것이 미국법원의 대표적인 입법의 예이다.

이때 결함상태란 상품의 통상적인 사용과 소비에 있어서 예기된 안전성을 갖추지 못한 상태로서 그것이 최종소비자에게 부당하게 위험한 경우를 뜻한다.

불합리한 위험이란 상품을 구입한 통상의 소비자가 예기하고 있는 정도를 넘은 위험을 의미하는 것이다. 제품결함의 개념은 밑의 그림과 같이 설계상 결함, 제조상의 결함, 경고상의 결함의 3가지 유형으로 구분된다.

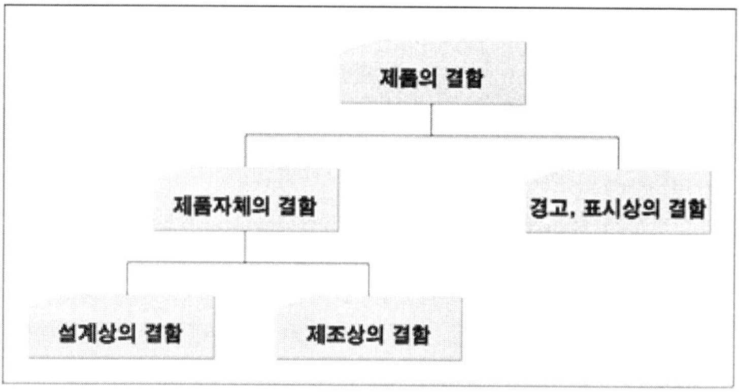

[그림 5-1] 제품결함의 유형

(1) 설계상의 결함

제품의 설계상의 결함은 구조상의 결함이라고 하며, 제품의 설계, 계획과정에서 생긴 결함으로서 결함이 있는 설계에 의하여 제조된 모든 제품은 당연히 결함을 갖게 된다.

제조자는 설계 또는 계획에 있어서 제품의 목적에 적합하지 않는 사용이나 무리한 사용도 고려해야 한다. 특히 기계의 경우에는 소비자의 부주의한 취급을 고려하여 하며, 반드시 그에 대비한 안전장치를 설치하여야 한다. 제조자는 그 당시의 기술수준에 의하여 알고 있는 모든 위험방지 가능성을 동원하여 제품을 설계하여야 한다. 제조자가 신제품을 출하함에 있어서 제품의 사용자를 실험의 대상 내지는 희생물로 삼는다는 것은 용납할 수 없기 때문이다.

무엇이든지, 기초가 가장 중요한 것이다. 설계 역시 마찬가지 이다.

(2) 제조상의 결함

제조상의 결함은 제품의 제조, 관리과정에서 생긴 결함으로서 원래의 설계나 제조방법과 다르게 제조됨으로써 발생하는 제품결함의 유형이다. 따라서 제조상의 결함은 그 개념설정과 적용이 비교적 용이하다.

요리에 들어가는 재료가 상당히 중요하듯,
제품에 들어가는 자재의 질도 상당히 중요하다.

제품에 제조상의 결함이 있는지의 여부를 결정함에는 주로 재료의 선정과 사용, 제조과정 그리고 제품을 출하기 전의 결함 유무를 판단하기 위한 검사의 적절성과 충분성 등이 그 판단요소가 된다.

(3) 경고, 표시상의 결함

제조자는 엄격한 설계와 제조기준을 충족시킨 제품이라고 하더라도 사용에 따라 위험이 수반될 수 있는 제품의 경우에는 안전한 사용방법을 설명하고, 부적당한 사용에서 생기는 위험을 경고하여야 한다. 따라서 제품에 대한 위험의 경고의무는 제품에 아무런 잘못이 없는 경우에도 존재한다. 즉, 제품 자체는 위험을 내포하고 있지 않으나 그 사용방법에 대한 적절한 지시내용을 결여하고 있기 때문에 피해가 발생한 경우에도 역시 제품에 결함이 있는 것으로 처리하는 것이 경고, 지시상의 결함의 문제이다.

경고상의 결함은 경고나 지시가 적절하지 못하다고 인정하는 경우 그 제품은 모두 경고상의 결함을 갖는다.

5.1.2 제품책임의 배경

인류가 가장 오래된 함무라비법전의 한 예로 '한 건축가가 어떤 사람의 집을 지었는데 그 집이 견고하지 못하여 붕괴되어 집주인이 사망하는 경우에는 그 건축자는 사형에 처한다.'라는 내용이 포함되어 있다. 이는 오늘날 제품책임의 중요성을 단면으로 보여주고 있다.

오늘날 대량생산, 대량소비의 구조가 생기게 되어 조악한 결함제품의 출현이나 부당한 표시, 과대한 광고 등에 의하여 소비자의 피해가 급증함에 따라 생산자나 제조물에 대한 지식을 가지지 못한 소비자는 스스로 구매하고, 제조물의 품질이나 안전성을 확보할 수단을 잃게 되었다.

산업화는 경제성장과 더불어 소비자의 피해를 급증시켰다.

또한 과학기술의 발전과 유통과정의 복잡화를 배경으로 하는 시장구조의 변화에 의해 생산자와 소비자 사이의 실질적 평등을 잃게 되고, 따라서 극도로 고도화되고 복잡화한 현대의 경제 구조 하에서는 실질적으로 약한 입장에 위치한 소비자를 보호할 필요성이 점차 인식되게 되었다. 또한, 1920년대 후반에 이르러 소비자문제연구소나 소비자조합 등의 단체가 만들어져 소비자 보호운동이 시작되었다. 특히 1962년 3월의 미국의 케네티 대통령이 의회에 보낸 소비자 권익보호에 관한 특별교서에서는 다음과 같은 사항이 포함되어 있다.

① 안전한 상품을 제공받을 권리
② 상품에 관하여 필요한 충분하고 올바른 정보를 제공받을 권리
③ 경쟁가격 등 공정한 거래조건으로 상품을 선택할 권리
④ 상품개선 등 소비자의 희망이 받아들여지며, 불만 및 피해자가 구제될 권리

우리나라에서는 1978년 12월에 소비자 보호법이 처음으로 제정되었고, 1986년 12월에 이를 개정, 보완함으로써 소비자 피해구제를 위한 전담기구인 소비자 보호원이 설치되었다.

5.1.3 제품책임제도와 기존 소비자 보호제도

(1) 애프터서비스

가장 보편화되어 있는 소비자 보호제도인 애프터서비스는 상품에 하자가 발생되어 소비자의 불만이나 시정요구가 있는 경우, 수리 또는 교환해 주는 소극적 의미의 소비자 보호제도이다. 그러므로 고장이 나지 않도록 처음부터 제품설계 및 제조가 잘 되었다면 애프터 비스의 작업량은 감소되는 것이 당연하다.

(2) 리콜제도

개정된 소비자 보호법에 의거 1996년 4월 1일부터 전 공산품에 대해 실시키로 된 리콜제도는 소비자의 안전에 위해를 주거나 줄 우려가 있는 제품을 기업이 공개적으로 회수해서 수리, 교환, 환불 해줌으로써 피해를 사전에 예방하는 직접적인 안전 확보제도이다. 애프터서비스는 소비자의 시정요구가 있는 경우 해당 상품에 대해서만 필요한 조치를 취하는 반면, 리콜은 일단 출하된 제품이 안전규격에 미달하거나 안전문제가 예상될 경우 소비자의 요구에 관계없이 문제 품목전체를 대상으로 공개적으로 예방차원의 필요한 조치를 취하는 것이다.

(3) 제조물 책임

제품의 결함으로 피해를 입은 소비자가 사후에 손쉽게 보상 받을 수 있도록 한 사후구제제도로써 제조업자 등은 제품결함 때문에 발생한 인적, 물적 손해는 물론 정신적 피해까지도 배상하여야 한다.

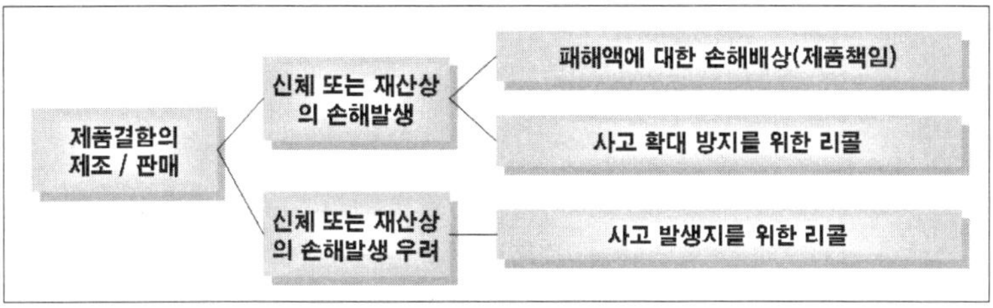

[그림 5-2] 제품책임과 리콜제도의 비교

제조물 책임제도가 도입되면 리콜제도는 자연스럽게 활성화될 것으로 예상된다. 한편, 제조물 책임대상 제조물은 완제품은 물론 관련부품도 포함되며, 결함에 대한 책임도 각 생산단계의 제조업자뿐 아니라, 유통, 판매업자에게까지 미쳐 책임범위가 광범위하다.

5.1.4 우리나라 제조물 책임제도 입법동향

우리나라도 1977년을 전후 괄목할 만한 경제성장을 이룩하여 산업구조가 개선되고 대량생산, 대량소비의 시대를 맞이하게 되었다. 이에 따라 소비자의 상품선택범위가 넓어지고 소비생활도 크게 향상되었다. 그러나 한편으로는 제품결함으로 인한 소비자의 생명, 신체 또는 재산의 심각하고도 광범위한 피해가 발생하게 되었을 뿐만 아니라 그 피해가 날로 증가하고 있어서 사회적인 문제로 대두되었다.

우리나라도 이러한 사회, 경제적인 여건과 국제적인 환경변화에 대응한 소비자 피해구제의 실효성을 확보하고, 국제화의 진보에 대응한 제도와 조화를 도모하기 위하여 제품책임법이 절실한 실정에 놓여 있다.

따라서 이제 국제적인 조류와 소비자 피해의 증가를 감안할 때 제품결함으로 인한 소비자의 확대손해를 효과적으로 구제하기 위하여 제품책임법에 대한 시행은 우리의 현실적인 문제도 대두되고 이에 따른 기업체에서 사전 예방적인 대책수립이 요구되고 있다. 다음은 그 동안 우리나라 제품책임법 추진경위를 요약하면 다음과 같다.

〈표 5-1〉 우리나라의 제품책임법 추진경위

순위	연도	추 진 내 용
1	1982년	김순규 의원 등 26명의 국회의원 발의로 일본의 제조물 책임법요강 시안과 같은 내용의 제조물 책임법을 의회에 상정하였으나 폐기되었음.
2	1989년	한국소비자 보호원이 소비자 보호를 강화하고자 제조물 책임의 입법을 당해 연도 역점사업으로 추진한 바 있으나 입법에는 이르지 못함.
3	1989년	독법률학회가 한국소비자보호원의 후원으로 한, 독, 일, 저명판사와 교수를 연사로 생산물 배상책임에 관한 세미나를 개최하고 한국에서도 동법의 조속한 입법 필요성을 강조함
4	1989년	공업진흥청에서 제조물 책임 입법의 타당성 여부에 관한 조사를 한국공업표준 협회(현재 한국표준협회)에 의뢰, 동 협회는 같은 해 11월 우리나라에서의 제조물 책임에 관한 조사 연구보고서를 작성, 보고함
5	1983년~ 1994년	1993년 말부터 1994년 말까지 정부, 소비자보호기관 등 각 관련기관에서 제조물책임의 입법을 추진한다는 내용의 신문 및 방송뉴스 보도가 지속적으로 계속되었으며 제조업체, 교육기관 등 각 기관에서 제조업체를 대상으로 제조물 책임에 관한 교육프로그램이 개설, 실시됨.
6	1994년	한국소비자 보호원에서 매일경제신문사의 후원으로 제조물책임 세미나를 개최하고 동법의 조속한 입법 필요성을 강조한 한편 입법방향을 제시함, 그리고 10월에는 2회에 걸쳐, 국내 주요 제조업체를 대상으로 제조물책임의 내용과 조속한 입법의 필요성을 설명함.
7	1996년	한국소비자 보호원이 행정쇄신위원회에 입법안으로 건의한 제조책임법이 수용 입법될 것으로 추정.
8	2002년	아파트를 제외한 모든 공산품에 대하여 적용하기로 재경부에서 확정하여 적용

5.1.5 제품책임에 대한 대책

과학문명의 발달에 따라 급속한 기술혁신은 제품의 다양화와 복잡화로 제품결함으로 인한 소비자피해가 발생함으로써, 소비자들의 제품품질에 대한 인식이 크게 향상되었고, 그 결과로 소비자의 불만고발건수가 계속 증가하고 있어 소비자 피해가 사회문제로 대두됨에 따라 우리나라에서도 제품결함에 의한 손해배상의 소송이 증가되고 있다. 따라서 제품책임에 대한 기업의 대책이 점차 요구되고 있다. 특히 미국에 수출된 우리나라 제품이나 부품이 제품책임이 해당되는 것이 점차 늘어나고 있다는 사실에 우리는 주목하지 않을 수 없으며, 대미 수출에 따라 제품 책임비용이 급등하고 있으며, 수출품에 대한 제품책임 소송건수나 금액도 고액화 되고 있다.

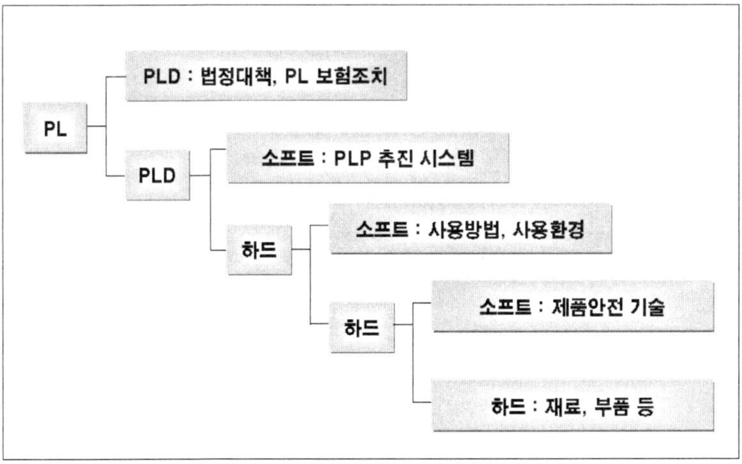

[그림 5-3] 제품책임의 전개 과정

06 CHAPTER

부록 (ISO 14000, 품질관리양식)

6.1 ISO 14000

6.1.1 ISO 14000의 의의

ISO 14000은 각 나라마다 다르게 운영되어 온 환경관리 방법 및 체계를 통일하고 조직체 스스로 환경관리를 위한 체계적 절차를 시스템으로 만들어 지속적인 개선을 해 나가도록 하기 위한 환경경영시스템이다. 이는 범지구적으로 환경문제가 심화되면서 국내외 환경규제가 강화되고, 환경단체의 압력이 거세지면서 소비자들의 환경에 대한 인식이 변화되어 점차 환경 이미지의 중요성이 증대되는 가운데 1996년 도입되었다.

(1) 환경경영시스템 구축의 필요성

① 고객의 요구조건으로 정착화 되었다.
② 유럽 수출 시 강제 규제화(폐기물, 재활용)
③ 그린라운드로 새로운 무역장벽 대두
④ 국내 외 환경관련 요구사항 법제화
⑤ NGO의 환경압력 증대
⑥ 비용절감의 새로운 돌파구

- 그린 라운드 -

오염된 지구 환경을 개선하고 보호하기 위하여 세계 국가가 환경 문제를 국제 무역 거래와 연계하여 벌이는 다자간 협상. 1991년 미국에서 처음 사용한 용어이다.

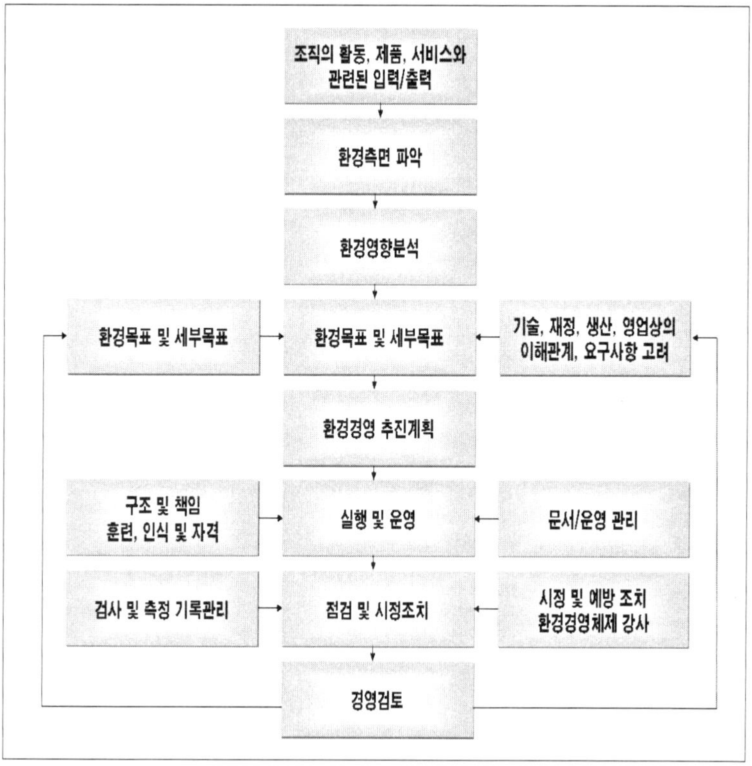

[그림 6-1] 환경경영시스템 추진절차

〈표 6-1〉 품질경영시스템과 환경경영시스템 비교

	품질경영시스템	환경경영시스템
대상	제품 및 서비스	부산물(폐기물/폐수/대기오염 물질, 소음, 진동 등)
이해당사자	고객	고객 및 이해관계자
규격	ISO 9000 시리즈	ISO 14001
대상 및 적용범위	제외조직 존재	조직의 전 업무 활동 포함
방 침	추상적	실천가능, 명확한 방침
초 점	기대하는 제품 품질에 대한 신뢰를 주기 위함	조직의 활동, 제품 및 서비스가 환경에 미치는 영향
동 인	고객의 계약	사회적 요구
성 과	제품의 적합성	정해진 방침과 목표 청취
공 정	기대하는 제품 품질에 관련된 모든 것	환경에 영향을 미칠 수 있는 모든 것

(2) ISO 14001 인증취득의 기대효과

① 기업 이미지 재고 및 그린 마케팅

② 환경민원 감소 및 고객 설득력 확보

③ 이해관계자와의 유대 강화

④ 환경사고의 미연 예방으로 환경 리스크 감소

⑤ 비용 절감

⑥ 비상사태 발생 시 신속 대응

⑦ 환경관련 법규 및 규제에 능동적으로 대처 가능

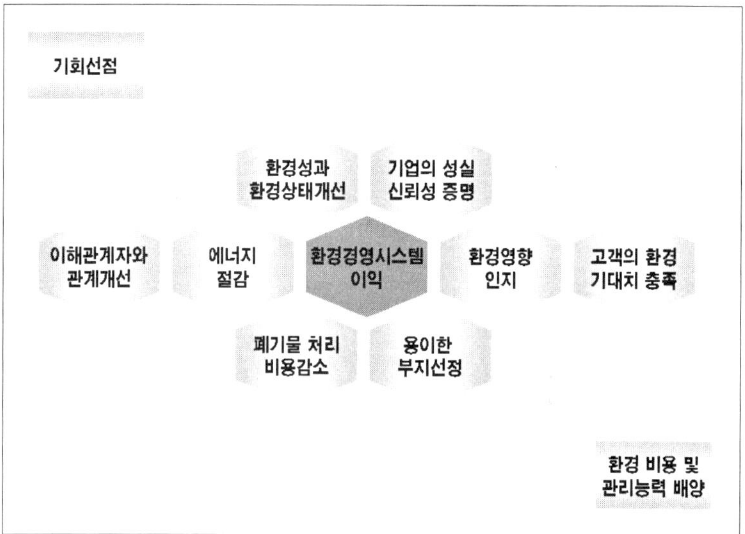

[그림 6-2] 환경경영시스템 으로 인한 이익

6.1.2 ISO 14000 구성요소

(1) 환경경영 체제(Environmental Management System)

환경경영을 실천하기 위해 조직의 환경관리 활동을 체계화하는 내용으로 오염방지 및 법규준수에 대한 실천의지를 담은 환경방침을 공포하고 이를 체계적으로 실행하기 위한 환경목표 및 세부목표 수립하고 체계화한다. 이를 통하여 지속적인 환경 개선을 통한 신뢰를 확보하게 된다.

(2) 환경심사(Environmental Auditing)

환경경영의 일반원칙에 관한 규칙과 감사를 실시하기 위한 절차에 대한 기준을 제시한다.

(3) 환경 라벨링(Environmental Labeling)

기업이 공급하고 있는 제품의 환경성에 대한 사항 다루고 있으며 환경마크 부착이 따른 지침 및 절차에 대하여 규정한다.

(4) 환경성과 평가(Environmental Performance Evaluation)

조직의 환경성과에 대한 평가기준을 설정하고자 하는 것으로 조직의 환경성과를 측정하고 평가하는 절차 및 환경성과를 대내외에 보고하는 방법을 명시한다.

(5) 전 과정 평가(Life Cycle Assessment)

제품, 공정 및 활동의 전 과정에 걸쳐 사용되고 배출되는 에너지 및 물질의 양을 정량화하며 환경에 미치는 환경을 평가하여 지속적인 환경성과의 개선을 모색하고자 하는 체계적인 방법을 명시한다. 현재 ISO에서 환경경영체제 구축도구로 사용하고자 표준화 작업이 진행 중이다.

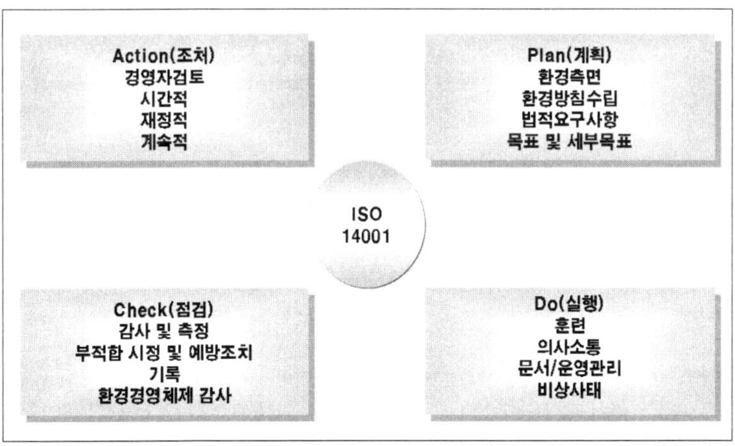

[그림 6-3] 14001 요구사항

6.2 품질관리에 관한 양식

ISO 9000/14000

견본

[그림 6-4] ISO 9000/14000

검 측 체 크 리 스 트

공종 Code No.		검측일자	년 월 일
공 종	품질관리교육	부 위 별	
세 부 공 종		위 치	

검 사 항 목	검사기준 (시방)	검사결과		조 치 사 항
		YES	NO	
1. 공사 착공시 해당공사 전반에 대한 사전 교육을 실시하였는가				
2. 공정의 진행에 따라 신규 공종의 작업이 시작될 때는 사전에 해당 공종에 대한 품질관리교육을 실시하는가				
3. 품질관리시 준수해야할 각종 기준이나 시행방법 중 주요사항은 시험실에 부착하여 항상 숙지할 수 있도록 하고 있는가				
4. 품질관리상 각 공종에 참여하는 현장 기능공이나 시공분야 기술자가 모두 준수해야할 주요 사항은 해당 위치에 이를 기록한 입간판를 설치하여 시공에 철저를 기하고 있는가				

시공자 점 검	(성명)
시공자 재점검	(성명)

견 본

[그림 6-5] 검측 체크리스트

클 레 임 처 리 표

20 년 월 일

결재	담당	과장	부장	이사	사장

구분	항목					
상대방	회사명		직위		성명	
	주소	(전화)				
물품	품명		수량		금액	
	항목					
내용	상대의견해					
	청취자의견해					
조사	검사항목및결과					
	조사판정					
대책						
확인						
중요도						

견본

[그림 6-6] 클레임 처리표

작성일자		품질개선 대책서		담 당	부서장	임 원	사 장
모 델							
품 명							
거래처		발생일자		발견장소			

NO	현 상	발생원인	방지대책	일 정	담 당
1					
2					
3					
4					
5					
6					
7					
8					
9					
10					
11					
12					
13					
14					
15					
16					
17					
18					
19					
20					
21					
22					
23					
24					
25					
26					
27					
28					
29					

견 본

[그림 6-7] 품질개선 대책서

기업금융 시스템	품질경영 절차서	제정일자	20 .10.01.
		개정일자	
	800-07 지속적 개선관리 절차서	개정번호	0
		PAGE	1 / 4

목 차

1. 적용범위
2. 목 적
3. 책임과 권한
4. 업무절차
5. 기록 및 보관
6. 관련 절차서

개정이력	개정일자	개 정 내 용	개정이력	개정일자	개 정 내 용
0	20 .10.01	최초제정			

관리본 비관리본	구분	작 성	검 토	승 인
	성명			
	서명			
	일자	/ /	/ /	/ /

배포처	

NRF400-02-01	REV. 0

견 본

[그림 6-8] 품질경영 절차서

품 질 관 리 현 황

목 차			
구 분	품질관리현황	개 정 번 호	개 정 일 자
1	불량현상파악	○	
2	긴급조치	○	
3	원인분석	○	
4	[illegible]	○	

	성 명	직 책	서 명	일 자
작 성 자				
검 토 자				
승 인 자				

[그림 6-9] 품질관리현황

결재	작 성	검 토	승 인
	/	/	/

품질보증문서 관리대장

NO	품질보증문서	번호	제정일자	기안팀	개정번호일자				폐기일자
					Rev.1	Rev.2	Rev.3	Rev.4	

견 본

[그림 6-10] 품질보증문서

중소기업을 위한 품질관리

TQM과 6시그마

요점 정리

1 종합적 품질경영

- **종합적 품질관리(TQC) :** 종합적 품질관리란 소비자가 만족 할 수 있는 품질의 제품을 가장 경제적인 수준으로 생산 내 서비스 할 수 있도록 조직 내 각 그룹의 품질개발·품질유지·품질개선· 노력들을 종합하기 위한 효과적인 시스템이다. 즉, 마케팅·설계·기술·제조·검사·서비스 등의 전 부문, 최고경영자부터 현장의 작업자를 포함하는 모든 계층의 품질관리활동을 전개할 필요가 있다는 것이다.

- 종합적 품질관리가 일반적인 품질관리와 성격을 달리하는 점은 바로 "**total**"이라는 점이다.

- 종합적 품질관리에서는 PDCA 사이클이 반복함으로써 소비자가 요구하는 품질을 개발·유지·개선하게 되는 것이다.

- 종합적 품질관리의 방법론적 특징은

  - 종합적 품질관리 활동
  - 라이프 사이클 전 단계에서 소비자 요구 품질전개
  - 전원참가에 의한 품질관리
  - 관리의 개념 일반, 표준화
  - 종합품질 시스템 기반

- 일본에서 종합적 품질관리가 성공할 수 있었던 이유 중 가장 큰 것은 고객만족을 위해 생산자 스스로 품질보증 및 개선을 추진했다는 점에 있다.

- 종합적 품질관리의 활동 목적은

  - 기업의 채질개선
  - 품질보증체제확립
  - 종합적 총력결집
  - 변화하는 경영에 대처
  - 세계최고의 신제품 개발

- 인간성 존중
- 품질관리 기법의 활용

- **총체적 품질경영은(TQM)**은 "품질을 중심으로 하는 모든 구성원의 참여와 고객만족을 통한 장기적 성공지향을 기본으로 하며 아울러 조직의 모든 구성원과 사회에 이익을 제공하는 조직의 경영적 접근"이라고 정의 할 수 있다.

- 총제척 품질경영 사상의 배경과 원칙에는
  - 고객에 초점을 둔다.
  - 결과뿐만 아니라 과정도 중시한다.
  - 검사보다는 예방에 치중한다.
  - 구성원의 참여를 토대로 그들의 창의력과 전문기술을 동원한다.
  - 사실에 입각한 의사결정을 행한다.
  - 피드백에 의한 지속적 개선을 추진한다.

- 총체적 품질경영은 <u>최고경영자</u>의 리더십 아래 품질을 최우선 과제로 하고 고객만족을 통한 기업의 장기적인 성공은 물론 기업구성원과 사회전체의 이익에 기여하기 위해, 경영활동 전반에 걸쳐 모든 구성원의 참여와 총체적 수단을 활용하는 전사·종합적인 전략적 경영시스템이라 정의할 수 있다.

- 총체적 품질경영의 궁극적 목표는 고객만족을 극대화 하는 것인데 이를 위해서는 다음 다섯 가지 필수요소에 초점을 맞추어야 한다.
  - 고객
  - 종업원
  - 공급자
  - 경영자
  - 공정

- 유능한 리더가 가지고 있어야 할 조건은 <u>비전, 권한부여, 직관력, 가치관의 일치</u>를 꼽을 수 있다.

- 중간 관리층의 역할로는
  - 품질문제 해결 방안 모색
  - 품질 팀의 리더로서 봉사
  - 품질 팀의 구성원으로서 참여
  - 부하직원의 적극적 참여 등 품질활동 통솔
  - 고객과 공급자를 인식하고 그들의 요구충족 활동을 독려

- 관리자 책임의 불량은 다음과 같다.
  - 설계, 공정, 계측기기 등의 미비
  - 품질에 관한 방침 · 목표 · 계획 · 조직 · 인원배치 · 의사소통 등의 불충분
  - 개선과 관리에 필요한 사실을 추구하기 위한 분석의 불충분
  - 매일 발생하는 품질문제에 대한 의사결정의 불충분

- 품질관리에 대한 관리자의 의무로는
  - 품질 비전과 방침을 구성원들에게 숙지시킨다.
  - 품질관리의 실행계획을 밝히고, 필요한 규정들을 구성원들에게 알리고 지키도록 하는 책임이 있다.
  - 품질 문제 발생 시 원인을 규명하고 개선대책을 신속히 세워 실시 할 책임이 있다.
  - 필요한 각종 설비, 측정기기 등 조사하여 그의 개선을 경영자에게 제안 권고할 책임이 있다.
  - 부문 간 협조하고, 구성원의 품질관리 교육 책임이 있다.

- <u>태스크포스</u> : 각 전문가 간의 커뮤니케이션과 조정을 쉽게 하고, 밀접한 협동관계를 형성하여 직위의 권한보다도 능력이나 지식의 권한으로 행동하여 성과에 대한 책임도 명확하고 행동력도 가지고 있다. 일정한 성과가 달성되면 그 조직은 해산되고, 환경변화에 적응하기 위한 그 다음 과제를 위하여 새로운 태스크포스가 편성되어 조직 전체가 환경변화에 대해 적응력 있는 동태적 조직의 성격을 가진다.

- 작업자의 오류는 대체로 <u>부주의로 인한 오류, 기술부족으로 인한 오류, 고의적인 오류의 세 가지 유형</u>으로 나눌 수 있다.

- 부주의로 인한 오류의 특징으로는 <u>무의도성, 비고의성, 불예측성</u> 등이 있다.

- **품질모티베이션(동기부여) :** 품질에 대한 동기부여는 간단히 말해서 구성원들의 품질개선 의욕을 불러일으키는 작용 또는 과정이라 할 수 있다.

- 인간은 무수한 욕구를 지니고 있으며 욕구 충족을 위해 행위를 한다. 그러나 욕구의 충족이 강력하게 저지당하게 되면 좌절을 일으키기도 쉽다. 인간의 욕구 강도에 따라 생리적 욕구, 안전의 욕구, 사회적 욕구, 자아의 욕구, 자기실현의 욕구의 5단계로 나누어다.

- **ZD프로그램(무결점 :zero defect) :** ZD계획, ZD운동이라고도 한다. 종업원 각자의 주의와 연구를 통하여 결함을 없앰으로써 신뢰도가 높은 제품 또는 서비스를 생산하는 한편, 낮은 비용, 납기엄수를 실현하여 고객의 만족도를 높이도록 계속적으로 동기를 부여하는 것을 말한다.

- ZD프로그램을 효율적으로 추진하기 위해서는 다음 네 가지 요건이 이행되어야 한다.
  - 조직구성원에게 작업과 작업성과인 제품의 중요성을 인식시킨다.
  - ZD그룹을 편성하여 결점을 제거하기 위한 목표를 자율적으로 설정케 하고 그들로 하여금 목표달성에 노력케 한다.
  - 오류의 원인을 종업원 스스로 찾아내어 제거 할 수 있는 방안을 상사에게 제출토록 한다.
  - 끝으로 목표를 달성한 그룹에 대해서는 그들의 공적을 널리 인정하고 격려하려는 뜻에서 표창해야 한다.

- **QC(품질관리)서클 :** 같은 부서 안에서 품질관리활동을 자율적으로 행하는 작은 집단(소집단)을 가리킨다. QC 수법에 따라 제품의 품질향상뿐만 아니라 일상적인 온갖 작업을 개선해 생산성 향상에 유용하다.

- 품질관리서클의 기본개념은
  - 기업의 채질개선/발전에 기여한다.

- 인간성을 존중하고 보람 있는 명랑한 직장을 만든다.
- 인간의 능력을 발휘하여 무한한 가능성을 창출한다.

- 오늘날 품질개선활동에 소집단 활동이 활발히 전개되고 있는 이유는 바로 타율적/강압적이 아닌 자주적으로 행동하도록 권한을 부여했기 때문이다.

- **자율경영팀** : 매일 행하는 일을 스스로 관리하도록 책임을 부여 받은 사람들이 최소한의 직접적인 관리·감독으로 일을 행하는 일단의 구성원들이다. 정도의 차이는 있지만, 팀 구성원들은 함께 일하면서 그들의 작업을 개선하고, 업무상의 문제를 처리하며, 작업을 계획하고 통제한다. 다시 말해 작업을 수행할뿐더러 스스로 관리하는 책임을 지고 있다.

- 자율경영팀의 도입과 운영에 있어서 가장 중요한 문제는 중간관리자들을 어떻게 이 팀 개념에 동화시키느냐 하는 것이다. 사실 팀 스스로 계획하고 통제하고 자신들이 감독하기 때문에 중간관리자의 역할이 줄어들게 되기 때문이다.

- 품질모티베이션 운동과 소집단활동 그의 추진 면에서 볼 때 동기부여형과 불량예방형으로 나눌 수 있다.
  - **동기부여형** : 작업자책임의 불량을 줄이기 위해서 종업원을 자극 시키는 것이다.
  - **불량예방형** : 관리자책임의 불량을 줄이는 데 작업자가 관리자를 돕도록 자극시키는 데 주안점을 둔 것이다.

- 대표적인 권한 부여의 예는 도요다 자동차의 라인 스톱 시스템으로 불량이 발견되었을 때 작업자가 라인을 세울 수 있는 권한이 부여된 점을 들 수 있다.

- **권한부여**는 일선 작업자나 종업원에 권한을 주어 적극성과 상상력을 실행에 옮길 수 있도록 독려하는 방식이다. 하급직원이 지시나 명령 등의 엄격한 통제에서 벗어나 자신의 생각·결정·행동 등에 대한 책임을 질 수 있는 자유를 준다면, 개인과 조직 모두에게 숨겨진 자원을 활용

하게 되는 결과를 낳게 할 수 있다고 하였다.

- 권한부여 시 예상되고 효과는 다음과 같다.
  - 구성원이 서비스를 제공할 때 고객요구에 즉각 대응할 수 있게 한다. 불만 고객에게 그 즉시 잘못된 서비스를 바로 잡는 등 신속한 대응이 가능하다.
  - 자신이 행하는 업무에 대해 만족감을 갖게 된다. 엄격한 규정은 담당자를 왜소하게 만들지만, 반대로 자기업무에 대해 소유감을 느끼게 되면 하는 일에 책임감을 갖고 자신의 일을 의미 있게 보게 된다.
  - 구성원은 그가 접하는 고객에게 따뜻함과 열정을 더 많이 보여준다. 고객만족 수준은 구성원의 만족과 직결된다는 사실은 많은 연구에서 밝혀진 바 있다.
  - 구성원들의 새로운 아이디어 창출에 활력이 솟는다. 자신이 조직발전의 주역이라는 점에 고무되어 제안된 품질개선안과 새로운 서비스 아이디어는 고객만족을 위해 매우 중요한 역할을 할 수 있다.

- 권한부여의 필수요건은 마음가짐, 역량, 상호신뢰로 볼 수 있다.

- 권한부여는 권한, 자원, 정보, 책임 네 가지 변수가 적절한 화음을 이룰 때 성과가 나타나며, 하나라도 부족 시 효력은 부실해진다.

- **사내표준화**가 이루어지지 않고서는 품질보증을 기대할 수 없다. 경영자들 비롯한 상당수의 구성원들은 표준화의 중요성을 인식하지 못하고 있으며, 일부하청업체는 모기업으로부터 받은 설계도면이 유일한 사내표준으로 활용되고 있는 경우도 있다.

- 중소기업 품질관리 실태의 현 주소는
  - 품질감사실시의 어려움
  - 최고경영자의 의지 결여
  - 교육훈련 미비
  - 형식적, 외형적 관리치중
  - 사내 표준화 미비

- 중소기업에서의 품질경영 실천요령은
  - 경영자의 확고한 의지

- 품질관리의 목표, 정책에 관한 경영자의 방침
- 고객의 요구를 위해 품질개선 및 관리활동
- 불량은 즉시 해결
- 정리정돈과 예방보전 실시
- 자주검사 시행하여 불량원천 봉쇄
- 구성원의 적극적 참여

2 3차 산업의 품질경영

- 서비스 : "고객의 편익과 만족을 위해서 서비스제공자 자신 내지 다른 서비스자원을 이용하는 과정·노력·행동의 수행"이라 정의할 수 있다.
- 서비스 제공에 있어서 정서적 기능이란 물리적 기능에 부가해서 고객에 정서, 안정감, 신뢰감 등 정신적 기쁨의 감정을 불러일으키는 기분이나 분위기를 주는 움직임을 말한다.
- 서비스의 일반적 특징은 무형성을 들 수 있다. 즉, 서비스는 실체가 보이지 않으며 만져지지 않는다. 그래서 서비스는 측정, 평가가 곤란하다. 이는 물리적인 속성 내지 제품속성으로 측정할 수 없다. 그리고 서비스는 제품이 아니라 봉사, 과정이기 때문에 저장이 곤란하다. 서비스는 대부분 제공자와 고객 간의 대면으로 이루어지고 제품처럼 물리적 신뢰성보다는 인적 신뢰성과 밀접한 관계를 갖고 있다.
- 서비스의 다섯 가지 품질특성에는 신뢰성, 유형성, 반응성, 확신성, 감정이입이 있다.
- 서비스 품질의 특성 중 약속된 서비스를 정확하게 이행하는 능력을 신뢰성이라고 한다.
- 서비스품질의 불량은 고객이 바라는 품질요구사항과 관련이 깊은 것으로 오류율, 시간, 코스트, 고객의 만족은 서비스품질의 개선의 주요 목

표가 된다.

- 서비스업의 수익성은 시장점유율보다는 고객충성도라는 결론에 도달했다.
- 서비스 품질개선의 효과로는
  - 고객이탈효과 감소
  - 서비스 품질이 개선
  - 서비스의 가치 상승
  - 고객의 충성심 형성
  - 매출증대와 시장점유율 개선
- 소비자들은 서비스 품질이 나쁜 이유로서 종사원의 불량한 행위, 느린 시간, 비싼 가격, 무관심, 결례 등을 꼽았다.
- 사무오류의 원인에는 업무내용의 몰이해, 사무 담당자의 실수, 시스템 오류를 들 수 있다.
- 사무품질관리에서 무엇보다 중요한 것은 업무 훈련 매뉴얼을 기록하여 노하우를 전수, 표준절차를 만들어 후임에게 전수하는 것이다.
- **균형성과기록표(BSC) :** 과거에는 성과에 대한 재무적인 측정지표를 통해서 미래성과를 창출하고 측정하였지만, 현재는 재무·고객·내부프로세스·학습과 성장 등 4분야로 구분하여 기업별 특성에 맞는 지표를 선정하고 각 지표별 가중치를 적용하여 산출하고, 그 기업을 재무뿐만이 아닌 다른 각도를 평가할 수 있는 지표이다.

3 인터넷과 품질경영

- **e-품질경영(e-QM) :** 인터넷/인트라넷 등을 이용하여 기업의 내부적인 품질경영 활동을 적극적으로 보다 효율적으로 활성화 하려는 노력

- **e-고객관계관리(e-CRM) :** 인터넷 등의 네트워크 기술과 데이터베이스 등의 정보기술을 이용하여 고객에 대한 다양한 정보를 수집하고 이를 바탕으로 고객이 원하는 제품과 서비스를 지속적으로 제공함으로써 고객을 지속적으로 유지시키고 결과적으로 고객의 평생가치를 극대화항 기업의 수익성을 높일 수 있는 통합된 고객관계관리 프로세스, 일반적으로 마케팅, 판매, 서비스 기능이 통합된 프로세스이다.

- **e-공급망관리(e-SCM) :** 인터넷 등의 네트워크 기술과 데이터베이스 등의 정보기술을 이용하여 원부자재의 공급에서부터 생산, 서비스, 운송, 판매에 이르기까지의 전 과정을 물류의 흐름과 정보의 흐름 관점에서 내부 시스템과 공급업체/협력업체, 고객들의 시스템을 체계적으로 연결한 통합 프로세스이다.

- 초우량 기업들은 인터넷을 이미 기업의 정보전달 도구, 거래 수단 등으로만 보지 않고 기업의 내부 프로세스를 혁신 할 수 있는 <u>경영혁신 도구 전략적 우위를 가져올 수 있는 핵심 정보기술로 판단</u>하고 있다.

- **인터넷 :** 인터넷에서 이용할 수 있는 서비스는 전자우편(e-mail), 원격 컴퓨터 연결(telnet), 파일 전송(FTP), 유즈넷 뉴스(Usenet News), 인터넷 정보 검색(Gopher), 인터넷 대화와 토론(IRC), 전자 게시판(BBS), 하이퍼텍스트 정보 열람(WWW:World Wide Web), 온라인 게임 등 다양하며 동화상이나 음성 데이터를 실시간으로 방송하는 서비스나 비디오 회의 등 새로운 서비스가 차례로 개발되어 이용 가능하게 되었다. 이와 같은 다양한 서비스와 풍부한 정보자원 때문에 인터넷을 정보의 바다라고 한다.

- 인터넷의 효과로는 <u>업무의 효율성, 정보교환, 정보제공, 시공간 초월</u> 등으로 볼 수 있다.

- 기업의 인터넷 활용의 진화과정으로는 <u>일 방향 전달, 양방향 교류, 양방향 거래, 프로세스 개선</u>으로 볼 수 있다.

- **인트라넷 :** 인트라넷(intranet)은 인터넷 관련기술과 통신규약을 이용하

여 조직내부 업무를 통합하는 정보시스템을 말한다. 인트라넷을 사용하게 되면 별도의 통신망을 구축하지 않더라도 세계 어느 곳에서도 자신이 속한 조직의 정보시스템을 사용할 수 있고, 거래관계가 있는 다른 조직과의 자료교환도 쉬워져 상호 정보를 공유할 수 있는 기회가 많아지게 된다.

- **엑스트라넷 :** 인터넷 기술을 사용하여 공급자·고객·협력업체 사이의 인트라넷을 연결하는 협력적 네트워크이다. 인트라넷의 확장개념으로 고객 및 협력업체와의 관계 증진을 위해 기업의 내부 통신시스템인 인트라넷에 이들을 포함시킨 새로운 통신구조이다. 이 구조 아래서는 정보를 이용하는 사람과 정보를 창출하는 사람 사이에 거의 즉각적인 상호작용이 가능해, 반응을 리얼타임으로 입수할 수 있기 때문에 고객의 의견을 품질향상에 즉시 반영할 수 있고, 제품개발 속도를 가속화할 수 있다.

- **공개데이터베이스 서비스 :** 기업 내부의 데이터베이스를 인터넷 기술과 연동시켜 기업의 웹사이트를 통해 공개함으로써 쉽게 고객에게 실시간으로 자사의 정보를 제공하자는 서비스이다.

- **유연 제품개발 시스템 :** 제품이 개발되기 시작한 후에도 개발자들이 지속적으로 제품에 대해 정의를 내릴 수 있고, 이러한 정의를 구현할 수 있는 시스템이다. 이러한 시스템을 통해 기업들은 제품이 시장에 출시되는 마지막 순간까지 고객의 욕구를 빠르게 수용할 수 있다.

- e-품질경영을 하기 위한 자세는 정보기술 적극수용, 최종고객 정확히 파악, 경영자의 엄청난 의지, 고객중심의 품질경영 마인드이다.

4 6시그마의 현황과 미래

- **전자학습(e-learning) :** 인터넷이나 인트라넷 등 네트워크 기술과 교육

이 접목된 웹 기반의 학습 교육을 의미한다. 원격 교육의 일종이나 실제로 온라인 교육 또는 사이버 교육과 거의 같은 의미로 쓰인다.

- 6시그마는 참여도와 효과성을 높은 수준으로 끌어올린 혁신활동이다.
- 6시그마의 발전방향은 방법론, 추진조직, 추진영역, 추진방식으로 나눌 수 있다.
- 기법이 아닌 사고의 틀로 6시그마를 수용해야 한다.
- 최근 서비스의 경우 의료분야에 6시그마 확산
  - 생명을 다루는 의료서비스 분야에서 결함은 치명적, 이점에서 6시그마가 추구하는 무결함 원칙과 일맥상통한다.
- 6시그마는 일본이 종합적 품질관리기법을 받아들여 세계적인 경쟁력을 확보하여 위협을 느낀 미국이 절차부심의 심정으로 일본의 혁신활동을 연구, 6시그마를 창안하게 되었다.
- 미국 자체적으로 품질향상을 위해 1987년 말콤볼드리지 국가 품질상을 제정하여 품질향상에 힘쓰고 있었다.(일본 데밍상의 영향을 받음)
- 일본기업들은 통계적 기법의 중요성을 인식하고 미국의 데밍, 쥬란 등을 초청하여 종합적 품질관리 기법을 습득하였다.
- **DFSS(Design For Six Sigma) :** 신제품을 설계하거나 현재 존재하지 않는 새로운 프로세스를 처음부터 6시그마 수준으로 설계하기위한 방법론이다. DFSS는 문제정의, 측정, 분석, 설계, 최적화, 검증의 단계를 거쳐 프로젝트를 수행한다.
- 6시그마를 기업에 체질화되기 위해 추진해야 할 것은,
  - 자발적 참여로 인한 상시적 혁신
  - 6시그마적 사고생활화
  - 6시그마 프로젝트를 통한 해결
  - 구성원들에게 혁신을 강조

- **클러스터 전략** : 연구개발 기능을 담당하는 대학 및 연구소, 생산 기능을 담당하는 대기업 및 중소기업, 각종 지원 기능을 담당하는 벤처 캐피탈과 컨설팅 등의 기관이 한 군데에 모여서 정보/지식의 공유를 통한 새로운 지식과 기술의 창출 등 시너지 효과를 일으키기 위한 것이다.

- **워크아웃** : 관료주의 타파, 프로세스 개선, 가치사슬강화 등을 목적으로 이에 연관된 사람들끼리 모여 구체적으로 변화시켜야 할 사항을 도출하고, 아이디어를 개발하여 경영자들과 공유하고 그 추진여부에 대한 즉각적인 의사결정을 내리도록한 후, 담당자를 정해 실행에 옮기는 방법론이다.

- 6시그마 전문요원이 되기 위해서는 그 업무와 범위에 따라 <u>그린벨트, 블랙벨트, 마스터 블랙벨트, 화이트 밸트, 경영진 벨트</u> 등의 호칭으로 불리 운다.

- **블랙벨트**란 현업 직원과 어깨를 부딪치며 직접 프로젝트를 이끌어 가는 요원으로 태권도 사범과 같은 역할로서 6시그마의 꽃이라 할 수 있다.

5 제조물 책임

- **제조물 책임** : 제품결함으로 인하여 발생한 피해에 대한 생산자, 판매자 등의 손해배상 책임을 말한다. 이를 제품책임(품질관리관계), 제조물책임(법률관계), 생산물책임(보험관계)이라고도 한다.

- **제품결함**이란 제품의 이용자, 소비자 또는 그의 생산에 대하여 불합리하게 위험한 결함상태에 있는 것이라고 정의한 것이 미국법원의 대표적인 입법의 예이다.

- 제품결함은 <u>설계상 결함, 제조상의 결함, 경고상의 결함</u> 등 3가지 유형으로 구분된다.

- **리콜제도**는 소비자의 안전에 피해를 주거나 줄 우려가 있는 제품을 기업이 공개적으로 회수해서 수리, 교환, 환불해줌으로써 피해를 사전에 예방하는 직접적인 안전 확보제도이다.

- **제조상의 결함 :** 제조상의 결함은 제품의 제조, 관리과정에서 생긴 결함으로서 원래의 설계나 제조방법과 다르게 제조됨으로써 발생하는 제품결함의 유형이다. 따라서 제조상의 결함은 그 개념설정과 적용이 비교적 용이하다.

6 ISO 14000

- **ISO 14000 :** 각 나라마다 다르게 운영되어 온 환경관리 방법 및 체계를 통일하고 조직체 스스로 환경관리를 위한 체계적 절차를 시스템으로 만들어 지속적인 개선을 해 나가도록 하기 위한 환경경영시스템이다. 이는 범지구적으로 환경문제가 심화되면서 국내외 환경규제가 강화되고, 환경단체의 압력이 거세지면서 소비자들의 환경에 대한 인식이 변화되어 점차 환경 이미지의 중요성이 증대되는 가운데 1996년 도입되었다.

- 환경경영시스템 구축의 필요성으로는
  - 고객의 요구조건으로 정착화 되었다.
  - 유럽 수출 시 강제 규제화
  - 그린라운드로 새로운 무역장벽 대두
  - 국내 외 환경관련 요구사항 법제화
  - 환경압력 증대
  - 비용절감의 새로운 돌파구

- **그린 라운드 :** 오염된 지구 환경을 개선하고 보호하기 위하여 세계 국가가 환경 문제를 국제 무역 거래와 연계하여 벌이는 다자간 협상. 1991년 미국에서 처음 사용한 용어이다.

- **환경경영체제(EMS) :** 환경경영을 실천하기 위해 조직의 환경관리 활동을 체계화하는 내용으로 오염방지 및 법규준수에 대한 실천의지를 담은 환경방침을 공포하고 이를 체계적으로 실행하기 위한 환경목표 및 세부목표를 수립하고 체계화한다.

- 환경시스템을 통한 이익으로는
  - 환경상태개선
  - 에너지 절감
  - 기업의 성실, 신뢰성 증명
  - 폐기물 처리 비용감소
  - 용이한 부지선정

- ISO 14000 구성요소로는
  - 환경경영체제
  - 환경심사
  - 환경 라벨링
  - 환경성과 평가
  - 전 과정 평가

- ISO 14000 구성요소 중 환경심사는 환경경영의 일반원칙에 관한 규칙과 감사를 실시하기 위한 절차기준을 제시한다.

참고문헌

1. 강금식, 「현대통계학」, 박영사, 1993.
2. 구본철, 「산업표준화 실무」, 세종출판사, 1998.
3. 김광수 외, 「품질경영론」, 진영사, 2000.
4. 김연성 외, 「품질경영」, 박영사, 2004.
5. 나수천, 「6시그마 국부론」, 길벗, 2005.
6. 노재범 · 이팔훈 · 이승현, 「서비스 이노베이션엔진, 6시그마」, 삼성경제연구소, 2005.
7. 서영호, "e-QM 전략: e-비즈니스를 통한 품질경영의 활성화," 품질경영, 한국표준협회, 2000년 8월, pp.71~75.
8. 서영호 · 이상철, "품질경영과 인터넷 활용전략", Information Systems Review, 한국경영정보학회, 제1권, 제1호, 1999, pp.101~114.
9. 안상형 외, 「현대 품질경영」, 학현사, 2000.
10. 안영진, 「경영품질론」, 박영사 2002.
11. 이근희 외, 「최신품질경영」, 상조사, 2000.
12. 이무성, 「품질경영시스템」, 학문사, 2000.
13. 이무성 · 이복영 · 조길복 · 김홍제, 「현대품질경영」, 진영사, 2004.
14. 이순룡, 「품질경영론」 , 법문사, 2004.
15. 이재관, 「TQM혁명과 작은 기업 큰 혁명」, 법영사, 1999.
16. 이주형, 「6시그마 콘서트」, 가산북스, 2006.
17. 잭 웰치, 「잭 웰치, 끝없는 도전과 용기」, 청림출판, 2001.
18. 제프리 라이커, 「도요타 방식」, 가산북스, 2004.
19. Duncan, A.J., *Quality Control and Industrial Statistics*, 4th ed., Irwin, Inc., 1974
20. Goetsch, D.L. and S.B. Davis, 「품질경영」, 사이텍미디어, 2006.
21. Gryna, F.M., *Quality Planning and Analysis*, 4th ed., McGraw-Hill, 2001.
22. ISO 14000 Environmental management systems, Specification with guidance

for use, British Standards Institute

23. ISO 9001: Quality Management System- Requirements(2000)
24. ISO 9004: Quality Management System- Guidelines(2000)
25. Montgomery, D.C., *Introduction to Statistical Quality Control*, 3rd ed., John Wiley & Sons, Inc., 1996.

찾아보기

ㅎ

저자 약력

이영찬(李永贊)

•약 력•

서강대학교 경영대학 경영학과 졸업
서강대학교 대학원 경영학 석사 (경영과학 전공)
서강대학교 대학원 경영학 박사 (경영과학 전공)
서강대학교 경영학연구원 경영연구소 상임연구원 역임
서강대학교 대우교수 역임
(현) 동국대학교 전자상거래학과 교수

•주요논문 및 저서•

"Application of Support Vector Machines to Corporate Credit Rating Prediction," ESwA, 32(1), 2007.
"Measuring Knowledge Management Performance: Structural Approach," HFEM, 17(1), 2006.
"Timed Net with Choice Probability and Its Minimum Cycle Time," ESwA, 31(2), 2006.
"Bankruptcy Prediction Using Support Vector Machine with Optimal Choice of Kernel Function Parameters," ESwA, 28(4), 2005.
「전자상거래에서의 선점효과에 관한 새로운 접근과 분석」, 한국학술정보, 2006.
외 다수

조영석(曺永錫)

•약 력•

서강대학교 문과대학 철학과 졸업
한국 후지쯔 (주) Systems Analyst
미국 루이지애나 주립대학교 Computer Analyst
미국 루이지애나 주립대학교 정보학 석사
미국 루이지애나 주립대학교 컴퓨터학 박사
미국 버지니아 Tech 방문교수
(현) 동국대학교 컴퓨터·멀티미디어학과 교수

•주요논문 및 저서•

「중소기업 ERP 컨설팅 보고서」, 중소기업청, 2001.
"객체 지향 소프트웨어의 상속 깊이의 최소화 알고리즘," 소프트웨어공학연구회지, 1998.
"객체 지향 소프트웨어의 다형성 제거 알고리즘," '98 가을 학술발표논문집, 한국정보과학회, 1998.
"Integrating Multi-Phase Software for Reuse," JSI, 6, 1996.

정가 10,000원

중소기업을 위한 품질관리
TQM과 6시그마

2006년 11월 20일 초판 인쇄
2006년 11월 29일 초판 발행
공저자 : 이 영 찬 · 조 영 석
발행자 : 우 명 찬 · 송 준
발행처 : 홍 릉 과 학 출 판 사
주 소 : 서울시 강북구 수유5동 455-60
142-885
등 록 : 1976년 10월 21일 제5-66호
전 화 : 999-2274～5, 996-8341, 903-7037
팩 스 : 905-6729
e-mail : hongpub@hongpub.co.kr
http://www.hongpub.co.kr

저자와의
협의하에
인지생략